ZMS Bw

Zentrum für Militärgeschichte und
Sozialwissenschaften der Bundeswehr

Inklusion in der Bundeswehr

Ergebnisse der Bundeswehrbefragung 2018 zur Inklusion und zum Aktionsplan zur Umsetzung der UN-Behindertenrechtskonvention im Geschäftsbereich des BMVg

Meike Wanner
Angelika Dörfler-Dierken
Markus Thurau

Forschungsbericht 127
Dezember 2020

Impressum

Herausgeber: Zentrum für Militärgeschichte und Sozialwissenschaften der Bundeswehr
Verantwortlich für den Inhalt sind die Autorinnen und Autoren
Anschrift: Zeppelinstraße 127/128, 14471 Potsdam
www.zmsbw.de

Projektnummer: 7129-01
ISBN: 978-3-941571-42-6
URN: https://nbn-resolving.org/urn:nbn:de:kobv:po79-opus4-4884

Inhaltsverzeichnis

1 Einleitung

Seit dem 26. März 2009 gilt in Deutschland die UN-Behindertenrechtskonvention (UN-BRK). Mit diesem Vertrag verpflichten sich die Unterzeichnerstaaten, die international entwickelten Normen zur Inklusion schwerbehinderter und diesen gleichgestellten behinderten Menschen in nationales Recht umzusetzen.[1] Der Anspruch behinderter Menschen auf gleichberechtigte Teilhabe und selbstständiges Leben in allen Bereichen der Gesellschaft hat dadurch eine neue Qualität erhalten: Arbeit und Menschenwürde sind nach der UN-BRK fest miteinander verbunden. Neben dem Schutz vor Benachteiligung werden die „volle und wirksame Teilhabe an der Gesellschaft und Einbeziehung in die Gesellschaft“ als die zentralen Prinzipien der UN-BRK beschrieben (vgl. Beauftragte der Bundesregierung für die Belange von Menschen mit Behinderungen 2017: 9). Den schwerbehinderten und diesen gleichgestellten behinderten Menschen soll die Möglichkeit geboten werden, am politischen, gesellschaftlichen, wirtschaftlichen und kulturellen Leben vollumfänglich zu partizipieren. Für die Gewährleistung und die Förderung der gleichberechtigten Teilhabe sind die Signatarstaaten jetzt zuständig. Sie müssen die Verwirklichung und Verbesserung der Chancengerechtigkeit von schwerbehinderten und diesen gleichgestellten behinderten Menschen in der Bildung und im Berufsleben mit geeigneten Maßnahmen unterstützen. Der zentrale Begriff in der UN-BRK lautet „Inklusion“: Menschen mit Behinderung und ihre Belange sollen von Anfang an in alle Lebens- und Arbeitsbereiche einbezogen werden, um den Lebenslagen und Bedürfnissen aller Menschen gerecht zu werden. Unter dem Begriff der Inklusion ist ferner zu verstehen, dass Vielfalt respektiert wird und die Unterschiedlichkeit von Menschen als Normalität gilt, weil die durch Inklusion zu erreichende soziale Teilhabe für alle gewinnbringend ist. Die von den Signatarstaaten getroffenen Maßnahmen werden in regelmäßigen Abständen durch den UN-Fachausschuss für die Rechte von Menschen mit Behinderungen überprüft, für Deutschland erstmals 2015.

Am 7. Juni 2011 wurde die Umsetzung der UN-BRK im nationalen Aktionsplan 2.0 der Bundesregierung als „Unser Weg in eine inklusive Gesellschaft“ näher ausgestaltet (vgl. Bundesministerium für Arbeit und Soziales 2011; vgl. auch zur bisherigen Umsetzung der UN-BRK: Bundesministerium für Arbeit und Soziales 2018). Die Umsetzung der UN-BRK

[1] Eine Behinderung ab einem Grad der Behinderung (GdB) von 50 gilt als Schwerbehinderung. Menschen gelten als Schwerbehinderten gleichgestellt, wenn bei ihnen ein GdB von weniger als 50, aber wenigstens 30 vorliegt. Voraussetzung ist, dass sie infolge ihrer Behinderung ohne die Gleichstellung einen geeigneten Arbeitsplatz nicht erlangen oder nicht behalten können.

soll die gleichberechtigte Teilhabe der 13 Millionen schwerbehinderten und diesen gleichgestellten behinderten Menschen (davon 4 Prozent seit Geburt)[2] am politischen, gesellschaftlichen, wirtschaftlichen und kulturellen Leben in der Bundesrepublik Deutschland erreichen. Diese Menschen sollen Chancengerechtigkeit in der Bildung, berufliche Integration und die Förderung eines selbstbestimmten Lebens in einer barrierefreien Gesellschaft erfahren. Barrierefreiheit zu schaffen meint im Sinne der UN-BRK nicht nur bauliche Stufen und Schwellen abzubauen, sondern auch Barrieren im Zugang zu Informationstechnologie zu überwinden.

Die Geschichte der Umsetzung der UN-Behindertenrechtskonvention in der Bundesrepublik Deutschland zeigt, dass Inklusion als Überwindung des früher gebräuchlichen Fürsorgegedankens verstanden werden kann. Die vom Teilhabe-Gedanken ausgehende UN kritisiert daher an der deutschen Behindertenpolitik, dass sie exkludierende Lebens- und Arbeitsbereiche gefördert habe. So entstanden „Sonderwelten in den Bereichen Schule, Arbeit und Wohnen" (Aichele 2019: 8), wie etwa Sonder- bzw. Förderschulen oder Werkstätten für Menschen mit Behinderung, die es entsprechend dem Konzept der Inklusion abzubauen gelte. Mit der UN-BRK soll somit ein Paradigmenwechsel in der Behindertenpolitik eingeleitet werden: Fürsorgegeprägte Sonderregelungen sollen von einer Kultur der selbstverständlichen Autonomie behinderter Menschen abgelöst werden. Krankheitsfixierung soll überwunden werden durch Ressourcenorientierung. Eine Behinderung soll nicht mehr als Defizit wahrgenommen werden, sondern auf die Diversität von Menschen verweisen, die alle Anspruch auf Anerkennung ihrer Menschenrechte haben. Das Ziel einer inklusiven Gesellschaft, in der Vielfalt respektiert wird und Anderssein als Normalität gilt, ist in weiten Bereichen der Bundesrepublik Deutschland trotz mancher Errungenschaften noch nicht erreicht. Mehrere Ministerien, darunter auch das Bundesministerium der Verteidigung (BMVg), haben Maßnahmen ergriffen, um die UN-BRK in ihrem Geschäftsbereich umzusetzen. So sollen die Würde, berufliche Integration und selbstbestimmte Lebensgestaltung von Menschen mit Behinderung auch in diesem Bereich des Öffentlichen Dienstes gefördert werden (vgl. Bundesministerium für Arbeit und Soziales 2017; Bundesministerium der Verteidigung 2014).

Im Oktober 2014 wurde von der damaligen Bundesministerin der Verteidigung, Dr. Ursula von der Leyen, der im Zusammenwirken mit der Hauptschwerbehindertenvertretung des Ministeriums entwickelte Aktionsplan zur Umsetzung der UN-BRK im Geschäftsbereich des BMVg in Kraft gesetzt und im November 2014 bekannt gegeben.[3] Das BMVg ist das

---

2 Der Spiegel 10/2019, 2.3.2019, S. 46.

3 Der Aktionsplan BMVg steht im Einklang mit dem Erlass über die Fürsorge für schwerbehinderte Menschen in der Bundeswehr (Zentralerlass B-1473/3, Bundesministerium der Verteidigung 2007), der

personalstärkste Ressort der Bundesregierung und sich seiner Vorbildwirkung für Gesellschaft und Arbeitgeber bewusst (vgl. Bundesministerium der Verteidigung 2014). In seinem Aktionsplan verpflichtet sich das BMVg dem Ziel der Inklusion: „Das BMVg betrachtet behinderte Mitarbeiterinnen und Mitarbeiter als voll- und gleichwertige Beschäftigte, Soldatinnen und Soldaten“ (Bundesministerium der Verteidigung 2014: 5). Aus der Sicht des BMVg ist es zur Erlangung der vollen Inklusion notwendig, die Arbeitskultur in der Bundeswehr weiter zu modifizieren, um schwerbehinderten und diesen gleichgestellten behinderten Menschen nicht nur einen Arbeitsplatz, sondern auch bessere Karrierechancen zu eröffnen. Der Fokus des handlungsorientierten Aktionsplans des BMVg liegt auf einer Reihe von Maßnahmen zur Förderung der Barrierefreiheit und der beruflichen Teilhabe von Menschen mit Behinderung am Arbeitsleben in der Bundeswehr. Der Aktionsplan zur Umsetzung der UN-BRK im Geschäftsbereich des BMVg nennt für fünf Felder besonderen Handlungsbedarf:

- Bewusstseinsbildung
- Arbeitsleben
- Soldat und Behinderung
- Bildung und Ausbildung
- Barrierefreie Informationstechnik

In diesen Handlungsfeldern liegt der Schwerpunkt auf der Teilhabe und Selbstbestimmung von schwerbehinderten und diesen gleichgestellten behinderten Menschen sowie auf Barrierefreiheit im Arbeitsleben. Sie beinhalten klare Vorgaben: Die Verschiedenartigkeit von Menschen muss als normal wahrgenommen werden. Das entspricht dem Gedankengut der Inklusion. Vorgesehen war schon zur Bekanntgabe der Inkraftsetzung des Aktionsplans im Geschäftsbereich des BMVg (November 2014), dass seine Umsetzung drei Jahre später evaluiert würde. Diese Evaluation wurde 2017 auf den Weg gebracht. Mit der Durchführung dieser Evaluation wurde das Zentrum für Militärgeschichte und Sozialwissenschaften der Bundeswehr (ZMSBw), Projektbereich Innere Führung, Ethik, Militärseelsorge im Forschungsbereich Sicherheitspolitik und Streitkräfte, am 10. April 2017 durch das BMVg beauftragt. Überprüft werden sollte der Ist-Zustand der Umsetzung in den einzelnen Handlungsfeldern, damit identifizierte Veränderungsbedarfe in die inhaltliche Weiterentwicklung und Anpassung des Aktionsplans (Aktionsplan 2.0) einfließen können.

---

mittlerweile durch die Zentrale Dienstvorschrift A-1473/3 (Bundesministerium der Verteidigung 2017) ersetzt wurde.

2 Die wichtigsten Ergebnisse der Studie im Überblick

Angaben zur eigenen Schwerbehinderung/Gleichstellung → Abschnitt 4

- Die eigene Behinderung ist bei fast allen befragten Bundeswehrangehörigen allgemein oder teilweise im beruflichen Umfeld bekannt.
- Schwerbehinderte und diesen gleichgestellte Behinderte haben am häufigsten Körperbehinderungen (52 Prozent), Innere Erkrankungen (41 Prozent) und psychische Erkrankungen (15 Prozent).
- Soldatinnen und Soldaten haben häufiger psychische Erkrankungen als zivile Mitarbeiterinnen und Mitarbeiter (23 bzw. 14 Prozent).
- Soldatinnen und Soldaten führen die eigene Schwerbehinderung bzw. Gleichstellung doppelt so häufig auf die berufliche Tätigkeit in der Bundeswehr zurück wie zivile Mitarbeiterinnen und Mitarbeiter (28 bzw. 14 Prozent).
- Schwerbehinderte und diesen gleichgestellte Behinderte wünschen sich die Umsetzung weiterer Maßnahmen zur Verbesserung der Infrastruktur, der Arbeitsbedingungen, der Bewusstseinsbildung und der Chancengerechtigkeit.

Kenntnis zentraler Begriffe → Abschnitt 5

- 77 Prozent der Nichtbehinderten und 78 Prozent der Schwerbehinderten und diesen gleichgestellten Behinderten haben den Begriff Inklusion schon einmal gehört.
- Der Begriff Barrierefreiheit ist fast allen Bundeswehrangehörigen bekannt (Nichtbehinderte: 97 Prozent; Schwerbehinderte und diesen gleichgestellte Behinderte: 95 Prozent).
- Schwerbehinderte und diesen gleichgestellte behinderte Soldatinnen und Soldaten geben am häufigsten an, die Begriffe Inklusion und Barrierefreiheit zu kennen und ganz konkrete Vorstellungen davon zu haben.

Wahrnehmung von schwerbehinderten und diesen gleichgestellten behinderten Menschen → Abschnitt 6

- Rund die Hälfte der befragten Nichtbehinderten nimmt in der eigenen Dienststelle schwerbehinderte und diesen gleichgestellte behinderte zivile Mitarbeiterinnen und Mitarbeiter bzw. Soldatinnen und Soldaten wahr (54 Prozent).
- Die Wahrnehmung von Schwerbehinderten und diesen gleichgestellten Behinderten in der eigenen Dienststelle ist bei den zivilen Nichtbehinderten deutlich stärker als bei den militärischen (82 bzw. 43 Prozent).
- Die Wahrnehmung Schwerbehinderter und diesen gleichgestellter Behinderter in Vorgesetztenfunktion ist unter den Nichtbehinderten geringer (18 Prozent) als unter den Schwerbehinderten und diesen gleichgestellten Behinderten (42 Prozent).
- Die Frage, ob es in der eigenen Dienststelle eine Schwerbehindertenvertretung gibt, wird von den Nichtbehinderten deutlich seltener bejaht als von den Schwerbehinderten und diesen gleichgestellten Behinderten (49 bzw. 92 Prozent).
- Im zivilen Bereich sind die Schwerbehindertenvertretungen bekannter als im militärischen Bereich.

Erfahrungen in der Zusammenarbeit mit schwerbehinderten und diesen gleichgestellten behinderten Menschen → Abschnitt 7

- Nichtbehinderte haben häufig noch gar nicht (45 Prozent) oder lediglich auf gleicher Ebene (33 Prozent) mit Schwerbehinderten und diesen gleichgestellten Behinderten zusammengearbeitet.
- Schwerbehinderte und diesen gleichgestellte Behinderte berichten häufiger als Nichtbehinderte von der Zusammenarbeit mit anderen Schwerbehinderten und diesen gleichgestellten Behinderten, größtenteils im Kollegen- bzw. Kameradenkreis (67 Prozent).
- Von der Zusammenarbeit mit Schwerbehinderten und diesen gleichgestellten Behinderten in Vorgesetztenfunktion wird von beiden Befragtengruppen nur selten berichtet (Nichtbehinderte: 4 Prozent; Schwerbehinderte und diesen gleichgestellte Behinderte: 8 Prozent).
- Die Erfahrungen im Umgang mit Schwerbehinderten und diesen gleichgestellten Behinderten werden von beiden Befragtengruppen häufig positiv beschrieben (Nichtbehinderte: 78 Prozent; Schwerbehinderte und diesen gleichgestellte Behinderte: 74 Prozent).

- Nichtbehinderte nehmen öfter als schwerbehinderte und diesen gleichgestellte Behinderte generelle Leistungsunterschiede zwischen den Beschäftigten mit und denen ohne anerkannte Behinderung wahr (51 bzw. 34 Prozent).
- Übereinstimmend geben sowohl die Nichtbehinderten als auch die Schwerbehinderten und diesen gleichgestellten Behinderten die Einschätzung ab, dass die Arbeit und der soziale Kontakt mit Schwerbehinderten und diesen gleichgestellten Behinderten weder einen positiven noch einen negativen Einfluss auf das Arbeitsumfeld in der Bundeswehr hat (63 bzw. 64 Prozent).
- Einen positiven Einfluss konstatiert etwa ein Drittel aller Befragungsteilnehmer.

Arbeitsplatzbedingungen → Abschnitt 8

- In manchen Bereichen beurteilen Schwerbehinderte und diesen gleichgestellte Behinderte ihre Arbeitsplatzsituation positiver als Nichtbehinderte (etwa Aspekte der Arbeitszeitgestaltung).
- In anderen Bereichen bewerten sie ihre Arbeitsplatzsituation negativer als die Nichtbehinderten. Dies betrifft insbesondere Möglichkeiten der Weiterqualifikation und Aufstiegschancen, aber auch die Wertschätzung durch und Offenheit gegenüber den Vorgesetzten sowie Aspekte der Kollegialität bzw. Kameradschaft.
- Der überwiegende Teil aller befragten Bundeswehrangehörigen fühlt sich im Dienst weder von Vorgesetzten noch Kameradinnen und Kameraden bzw. Kolleginnen und Kollegen respektlos behandelt.
- Häufig bemängelt werden widrige Umweltbedingungen am Arbeitsplatz und Zeitdruck.
- Rund zwei Drittel der befragten Bundeswehrangehörigen – nichtbehinderte ebenso wie schwerbehinderte und diesen gleichgestellte behinderte Menschen – fühlen sich in der Bundeswehr entsprechend ihrer Qualifikationen eingesetzt.
- Der generelle qualifikationsgerechte Einsatz von Schwerbehinderten und diesen gleichgestellten Behinderten in der Bundeswehr wird von beiden Befragtengruppen weniger positiv eingeschätzt.

Aufstiegschancen und dienstliche Beurteilungen → Abschnitt 9

- Nichtbehinderte schätzen die Entwicklungsmöglichkeiten und Aufstiegschancen für Schwerbehinderte und diesen gleichgestellte Behinderte überwiegend positiv ein (60 Prozent).

- Schwerbehinderte und diesen gleichgestellte Behinderte schätzen die Entwicklungsmöglichkeiten und Aufstiegschancen für Schwerbehinderte und diesen gleichgestellte Behinderte insgesamt etwas negativer ein.
- Es zeigt sich in dieser Frage ein beachtlicher Unterschied zwischen zivilem und militärischem Bereich: Die große Mehrheit der schwerbehinderten und diesen gleichgestellten behinderten Soldatinnen und Soldaten hält die Entwicklungsmöglichkeiten und Aufstiegschancen für schwerbehinderte und diesen gleichgestellte behinderte Menschen in der Bundeswehr für schlecht (68 Prozent). Bei den zivilen Schwerbehinderten und diesen gleichgestellten Behinderten beträgt dieser Anteil 43 Prozent.
- Die Mehrheit beider Befragtengruppen glaubt, dass Schwerbehinderte und diesen gleichgestellte Behinderte in Beurteilungen weder bessere noch schlechtere Ergebnisse erhalten als Nichtbehinderte.
- Beide Befragtengruppen befürworten zudem eher die Aussage, dass Schwerbehinderte und diesen gleichgestellte Behinderte eine Beurteilung erhalten, die ihre behinderungsbedingten Einschränkungen nicht ausreichend würdigt.

Einstellungen zum Thema Inklusion in der Bundeswehr → Abschnitt 10

- Sowohl die nichtbehinderten als auch die schwerbehinderten und diesen gleichgestellten behinderten Bundeswehrangehörigen sind sich darin einig, dass Inklusion nicht für persönliche Vorteile missbraucht wird.
- Zudem gehen beide Befragtengruppen davon aus, dass Schwerbehinderte und diesen gleichgestellte Behinderte in der Bundeswehr größere Chancen auf Gleichbehandlung und Aufstiegsmöglichkeiten haben als in der Gesellschaft allgemein.
- Die Regelung zur Dienstpostenausschreibung[4] in der Inklusionsvorschrift wird durchaus differenziert bewertet. Während sie von den Schwerbehinderten und diesen gleichgestellten Behinderten zu zwei Dritteln (66 Prozent) befürwortet wird, beträgt dieser Anteil bei den Nichtbehinderten lediglich 38 Prozent.
- Bedenken gegen diese Vorschrift bestehen auf beiden Seiten. Verbreitet sind insbesondere Befürchtungen von Akzeptanzverlust bei den Schwerbehinderten und diesen

[4] Diese sieht u.a. vor, bei Dienstpostenausschreibungen darauf hinzuweisen, dass bei schwerbehinderten und diesen gleichgestellten behinderten Menschen nur ein Mindestmaß an körperlicher Eignung verlangt wird und schwerbehinderte und diesen gleichgestellte behinderte Menschen bei gleicher Eignung bevorzugt berücksichtigt werden (vgl. Bundesministerium der Verteidigung 2017: 9).

gleichgestellten Behinderten und Befürchtungen von Nachteilen bei den Nichtbehinderten.

- Inklusion ist bereits im Bewusstsein vieler Bundeswehrangehöriger angekommen und erfährt große Zustimmung.
- Nichtbehinderte und Schwerbehinderte und diesen gleichgestellte Behinderte sind jedoch zugleich der Ansicht, dass die Umsetzung von Inklusion nicht ganz leicht ist und noch weiterer großer Anstrengungen bedarf.
- 80 Prozent der Schwerbehinderten und diesen gleichgestellten Behinderten und 68 Prozent der Nichtbehinderten würden die Bundeswehr einem Bekannten mit Behinderung, der eine berufliche Anstellung sucht, weiterempfehlen.

Kenntnis der UN-Behindertenrechtskonvention → Abschnitt 11

- Der Kenntnisstand zur UN-Behindertenrechtskonvention (UN-BRK) ist sowohl bei den Nichtbehinderten als auch bei den Schwerbehinderten und diesen gleichgestellten Behinderten sehr gering.
- Lediglich 10 Prozent der Nichtbehinderten und 19 Prozent der Schwerbehinderten und diesen gleichgestellten Behinderten geben an, dass sie bereits von der UN-BRK gehört haben und einige oder alle wesentlichen Fakten und Zusammenhänge kennen.

Kenntnis und Bewertung des Aktionsplans zur Umsetzung der UN-BRK im Geschäftsbereich des BMVg → Abschnitt 12

- Der Aktionsplan zur Umsetzung der UN-BRK im Geschäftsbereich des BMVg ist sowohl den Nichtbehinderten als auch den Schwerbehinderten und diesen gleichgestellten Behinderten überwiegend unbekannt.
- Lediglich 3 Prozent der Nichtbehinderten und 14 Prozent der Schwerbehinderten und diesen gleichgestellten Behinderten geben an, dass ihnen der Aktionsplan des BMVg bekannt ist.
- Bestehende Informationsangebote zum Aktionsplan des BMVg werden von den Nichtbehinderten fast überhaupt nicht und von den Schwerbehinderten und diesen gleichgestellten Behinderten nur sehr wenig genutzt.
- Am ehesten nutzen Schwerbehinderte und diesen gleichgestellte Behinderte die Schwerbehindertenvertretung (7,5 Prozent), das Intranet der Bundeswehr (6,4 Prozent) sowie Informationsmaterialien (z.B. Broschüren) (6,3 Prozent), um sich über den Aktionsplan des BMVg zu informieren.

- Obwohl bestehende Informationsangebote zum Aktionsplan des BMVg kaum genutzt werden, bezeichnen viele Befragte das eigene Informationsniveau als gut oder zumindest teils gut, was auf ein geringes Interesse an weiteren Informationen zu dieser Thematik hindeuten kann.
- Die Maßnahmen, die sich die Schwerbehinderten und diesen gleichgestellten Behinderten zusätzlich wünschen, betreffen größtenteils die Bereiche Barrierefreiheit, behindertengerechte Ausstattung und flexible Arbeitszeitgestaltung.

Bekanntheit, Umsetzungsstand und Wichtigkeit der Einzelmaßnahmen des Aktionsplans des BMVg → Abschnitt 14

- Die Einzelmaßnahmen im Handlungsfeld „Bewusstseinsbildung“ werden von den befragten Schwerbehinderten und diesen gleichgestellten Behinderten als wichtig eingeschätzt.
- Allerdings sind diese Maßnahmen eher unbekannt und werden bislang nur sehr selten als bereits umgesetzt wahrgenommen.
- Die Einzelmaßnahmen im Handlungsfeld „Arbeitsleben“ sind den befragten Schwerbehinderten und diesen gleichgestellten Behinderten besonders wichtig.
- Viele Maßnahmen sind jedoch nur einer Minderheit bekannt und auch die Umsetzung vieler Maßnahmen lässt noch zu wünschen übrig.
- Die beiden Einzelmaßnahmen des Handlungsfelds „Soldat und Behinderung“ werden von den befragten Schwerbehinderten und diesen gleichgestellten Behinderten als wichtig eingeschätzt.
- Auch in diesem spezifischen Handlungsfeld, das sich gezielt an die schwerbehinderten und diesen gleichgestellten behinderten Soldatinnen und Soldaten richtet, ist aus Sicht der Befragten noch ein erheblicher Bedarf vorhanden, um die Bekanntheit und Umsetzung dieser Maßnahmen in der Bundeswehr zu verbessern.
- Die Einzelmaßnahmen im Handlungsfeld „Bildung und Ausbildung“ sind den befragten Schwerbehinderten und diesen gleichgestellten Behinderten zwar wichtig, werden aber nur von einer Minderheit als bekannt und bereits umgesetzt wahrgenommen.
- Von dem Ziel, zu einem attraktiven Ausbildungszentrum und Bildungsträger für schwerbehinderte und diesen gleichgestellte behinderte Menschen zu werden, ist die Bundeswehr aus Sicht der Befragten noch weit entfernt.

- Die Einzelmaßnahmen im Handlungsfeld „barrierefreie Informationstechnik“ sind den befragten Schwerbehinderten und diesen gleichgestellten Behinderten überwiegend unbekannt und auch der Umsetzungsstand ist in der Wahrnehmung der Befragten gering.
- Das Ziel, barrierefreie Informationstechnik in der Bundeswehr kurzfristig bereitzustellen oder vorzuhalten, ist bislang nicht erreicht.
- Insgesamt betrachtet lässt sich feststellen, dass die Einzelmaßnahmen des Aktionsplans durchweg als wichtig eingestuft werden. Allerdings sind die Einzelmaßnahmen selbst sowie ihr Umsetzungsstand häufig nicht bekannt.
- Die Mehrheit der Schwerbehinderten und diesen gleichgestellten Behinderten ist nur teilweise (27 Prozent) zufrieden oder sogar unzufrieden (36 Prozent) mit den Maßnahmen der Bundeswehr zur Umsetzung der UN-BRK im eigenen Arbeitsbereich.
- Die offene Frage nach weiteren Maßnahmen zur Ergänzung des Aktionsplans des BMVg fördert Nennungen aus den folgenden Bereichen zutage: Anerkennung und Akzeptanz, Würdigung der Leistungen durch Vorgesetzte sowie Kameradinnen und Kameraden bzw. Kolleginnen und Kollegen, Informationen und Schulungen zu dieser Thematik und Verbesserung der Barrierefreiheit.

3 Methodisches Design der Studie

Datenerhebungsmethode und Erhebungsinstrument

Die Datenerhebung wurde als schriftliche, postalische Befragung mit einem Papierfragebogen (Paper-Pencil-Befragung) konzipiert und durchgeführt. Diese Methode ermöglicht es, dass alle im Stichprobendesign definierten Untergruppen gleichermaßen erreicht und zur Teilnahme an der Befragung aufgefordert werden können. Ein weiterer Vorteil dieser Methode – im Vergleich zu interviewerbasierten Befragungsformen – ist der hohe Grad an Anonymität, der die Wahrscheinlichkeit erhöht, dass auch Fragen mit sensiblen Inhalten beantwortet werden.

Fragebogenentwicklung und Pretest

Im Rahmen der vorliegenden Studie wurden in enger Abstimmung mit dem Aufgabensteller zunächst zwei Fragebogenvarianten erarbeitet: eine für die Nichtbehinderten und eine für die Schwerbehinderten und diesen gleichgestellten Behinderten. Um die Güte und Handhabbarkeit der entwickelten Fragebogenvarianten zu überprüfen, war die Durchführung eines Fragebogen-Pretests im Vorfeld der Datenerhebungsphase unerlässlich. Dieser diente dazu, den Befragungsablauf zu testen, die Funktionalität der Filterführungen und die Verständlichkeit von Frageformulierungen und Antwortvorgaben zu überprüfen. Zudem sollten Hinweise auf die Handhabbarkeit und den zeitlichen Aufwand, der für die Probandinnen und Probanden zum Ausfüllen der Fragebogenvarianten notwendig war, ermittelt werden. Schließlich sollten ebenfalls Auskünfte darüber möglich werden, ob einzelne Fragen von den Befragten als zu sensibel oder unangemessen empfunden werden, ob einzelne Fragen des Fragebogens nicht beantwortet werden können oder ob wichtige Aspekte aus Sicht der Betroffenen noch ergänzt werden sollten. Die beiden Fragebogenvarianten wurden an jeweils zehn Probandinnen und Probanden übermittelt. Die Ansprache der zehn Schwerbehinderten und diesen gleichgestellten Behinderten erfolgte über die Schwerbehindertenvertretung. Die Ansprache der zehn Nichtbehinderten erfolgte durch die Projektleitung. Die Auswahl der Nichtbehinderten orientierte sich an der Sozialstruktur der zu realisierenden Stichprobe der Studie. Für die Schwerbehinderten und diesen gleichgestellten Behinderten war dies im Rahmen des Pretests nicht möglich. In dieser Gruppe konnten im Rahmen des Pretests nur Zivilbeschäftigte befragt werden. Der Zeitraum des Pretests erstreckte sich vom 29.11.2017 bis zum 19.12.2017.

Die Fragebogenvariante der Nichtbehinderten erwies sich im Test insgesamt als praktikabel. Die durchschnittliche Bearbeitungsdauer der sieben komplett ausgefüllten Fragebögen erreichte jedoch mit 20 Minuten bereits einen für schriftliche Befragungen kritischen Wert. Erfahrungen aus der Umfrageforschung zeigen, dass ein Fragebogen so konzipiert sein sollte, dass eine Ausfüllzeit von 15 Minuten nicht überschritten wird. Der Umfang der Fragebogenvariante der Schwerbehinderten und diesen gleichgestellten Behinderten lag mit einer durchschnittlichen Bearbeitungsdauer von 50 Minuten deutlich über dem empfohlenen Richtwert der Umfrageforschung. Dies spiegelte sich auch in der geringen Teilnahmebereitschaft wider. Trotz persönlicher Ansprache durch die Schwerbehindertenvertretung beteiligten sich lediglich drei der zehn angeschriebenen Schwerbehinderten und diesen gleichgestellten Behinderten. Insbesondere die Frage zur Bewertung aller 49 Einzelmaßnahmen des Aktionsplans des BMVg erforderte enorme Konzentration und verlängerte die Bearbeitungsdauer des Fragebogens erheblich. Als Konsequenz der Ergebnisse des durchgeführten Pretests wurde die Fragebogenvariante der Schwerbehinderten und diesen gleichgestellten Behinderten in zwei Module unterteilt. Rückmeldungen über unverständliche, zu sensible oder fehlende Fragen gab es im Rahmen des Pretests nicht.

Insgesamt wurden im Rahmen der vorliegenden Studie folglich drei unterschiedliche Fragebogenvarianten eingesetzt. Ein Fragebogen diente der Befragung der Nichtbehinderten (Variante A). Eine Fragebogenvariante der Schwerbehinderten und diesen gleichgestellten Behinderten diente als Vergleichsgrundlage zur Befragung der Nichtbehinderten (Variante B, Modul 1). Beide Fragebögen, A und B1, deckten thematisch sowohl Fragestellungen zur Evaluation des Aktionsplans zur Umsetzung der UN-BRK im Geschäftsbereich des BMVg als auch zur Evaluation des aktuellen Inklusionsklimas in der Bundeswehr ab. Die zweite Fragebogenvariante der Schwerbehinderten und diesen gleichgestellten Behinderten (Variante B, Modul 2) diente der Evaluation der Einzelmaßnahmen des Aktionsplans des BMVg.[5]

Grundgesamtheiten und Stichproben

Nichtbehinderte

Die Grundgesamtheit der ersten Befragtengruppe bilden alle nichtbehinderten Zivilbeschäftigten bzw. Soldatinnen und Soldaten der Bundeswehr. Zum Stichtag der Stichprobenziehung im Juli 2018 waren dies insgesamt 73 543 (29 Prozent) nichtbehinderte zivile Mitarbeiterinnen und Mitarbeiter und 175 871 (71 Prozent) nichtbehinderte Soldatinnen und Soldaten (Stand: 31.7.2018). Da bei dieser Befragtengruppe, aufgrund der geringeren persönlichen Relevanz des Themas der Untersuchung, mit einer vermindert ausgeprägten Teilnahmebereitschaft zu rechnen war, wurde aus der Gruppe der Nichtbehinderten eine

[5] Alle drei Fragebogenvarianten finden sich im Anhang dieses Ergebnisberichts.

repräsentative, mehrfach geschichtete Zufallsstichprobe mit einer Brutto-Anzahl von 5 000 Personen gezogen. Dieses Vorgehen sollte dazu beitragen, dass genügend Teilnehmer gewonnen werden, um auch Analysen für Untergruppen zu ermöglichen. Grundlage der Stichprobe waren die Strukturdaten der Grundgesamtheit, die genaue Anteile an Personen nach den Bereichen zivil bzw. militärisch, Geschlecht, Organisationsbereich, Dienstgrad- bzw. Entgeltgruppe sowie für die Soldatinnen und Soldaten nach Statusgruppen (Berufssoldatinnen und -soldaten, Soldatinnen und Soldaten auf Zeit, Freiwillig Wehrdienstleistende) enthielten. Dieses Vorgehen implizierte, dass die Stichprobe der Nichtbehinderten zu etwa zwei Dritteln aus Soldatinnen bzw. Soldaten und zu einem Drittel aus zivilen Beschäftigten der Bundeswehr bestehen musste. Die gezogene Stichprobe stellt hinsichtlich der Personalstruktur ein verkleinertes Abbild der Grundgesamtheit aller nichtbehinderten Bundeswehrangehörigen dar.

Schwerbehinderte und diesen gleichgestellte behinderte Menschen

Die Grundgesamtheit der zweiten Befragtengruppe bilden alle schwerbehinderten und diesen gleichgestellten behinderten zivilen Beschäftigten sowie alle schwerbehinderten und ihnen gleichgestellten behinderten Soldatinnen und Soldaten der Bundeswehr. Zum Stichtag der Stichprobenziehung im Juli 2018 wies der Geschäftsbereich des BMVg eine Gesamtzahl von 8 814 schwerbehinderten und diesen gleichgestellten behinderten Menschen auf, von denen 7 944 (90 Prozent) zivile Beschäftigte und 870 (10 Prozent) Soldatinnen und Soldaten waren (Stand: 31.7.2018). Diese sehr unterschiedliche Verteilung ist dadurch zu erklären, dass die Einstellung von Soldatinnen und Soldaten von den im Bereich des Zivilpersonals praktizierten Verfahren erheblich abweicht. Als Soldatin oder Soldat können aufgrund der besonderen Anforderungen des soldatischen Dienstes grundsätzlich nur gesundheitlich geeignete Bewerberinnen und Bewerber eingestellt werden. In der Regel schließt eine schon bestehende geringe Behinderung, ab einem Grad der Behinderung von 20, eine Einstellung als Soldatin oder Soldat aus. Die schwerbehinderten und diesen gleichgestellten behinderten Soldatinnen und Soldaten haben sich ihre Behinderung folglich nach Eintritt in die Bundeswehr zugezogen, etwa durch Unfälle, Erkrankungen oder durch Verletzungen bzw. Traumatisierungen in den Auslandseinsätzen (vgl. Tabelle 4.2 und Abbildung 4.2). Aus der Verteilung des Vorkommens von Behinderten und Nichtbehinderten im zivilen und militärischen Bereich folgt, dass etwa jeder zehnte Zivilbeschäftigte ein schwerbehinderter oder diesen gleichgestellter Behinderter ist. In der Gruppe der Soldatinnen und Soldaten ist dagegen nur etwa jeder Zweihundertste ein schwerbehinderter oder diesem gleichgestellter Behinderter. Das bedeutet, dass die Wahrscheinlichkeit, im Dienstalltag Schwerbehinderten und diesen gleichgestellten Behinderten zu begegnen, für die Soldatinnen und Soldaten um ein Vielfaches geringer ist als für die Zivilisten.

Da für die Befragung der schwerbehinderten und diesen gleichgestellten behinderten Menschen zwei Fragebogenvarianten zum Einsatz kommen sollten (Variante B, Modul 1 „Evaluation Aktionsplan und aktuelles Inklusionsklima“ und Variante B, Modul 2 „Evaluation der Einzelmaßnahmen des Aktionsplans“), wurden zwei separate Stichproben aus der Grundgesamtheit der schwerbehinderten und diesen gleichgestellten behinderten Menschen gezogen. Diese weisen jeweils einen Umfang von 2 500 Personen auf. Aufgrund der geringen Anzahl schwerbehinderter und diesen gleichgestellter behinderter Soldatinnen und Soldaten wurde für diese Teilgruppe eine Vollerhebung durchgeführt. Dieses Vorgehen implizierte, dass alle schwerbehinderten und ihnen gleichgestellten Soldatinnen und Soldaten zur Teilnahme an der Befragung aufgefordert und gleichmäßig den beiden Fragebogenvarianten zugeordnet wurden, d.h. jeweils 435 Probandinnen und Probanden erhielten Variante B, Modul 1 und ebenso viele Variante B, Modul 2. Die übrigen Probandinnen und Probanden (jeweils 2 165 Personen), schwerbehinderte und ihnen gleichgestellte behinderte Menschen aus dem zivilen Bereich der Bundeswehr, wurden jeweils durch eine repräsentative, mehrstufig geschichtete Zufallsauswahl aus der Gruppe der schwerbehinderten und ihnen gleichgestellten behinderten Zivilbeschäftigten der Bundeswehr generiert. Das Ziel dieser Vorgehensweise bestand darin, hinsichtlich der Personalstruktur der so generierten Stichproben jeweils ein verkleinertes Abbild der Grundgesamtheit der zivilen schwerbehinderten und ihnen gleichgestellten Menschen zu erhalten.

Tabelle 3.1: Grundgesamtheiten

(Angaben in Prozent)	Soldatinnen und Soldaten	Mitarbeiterinnen und Mitarbeiter
Nichtbehinderte	71	29
Schwerbehinderte und diesen gleichgestellte Behinderte	10	90

Datenbasis: Strukturdaten der Bundeswehr (Stand: 31.7.2018) bereitgestellt vom Bundesamt für das Personalmanagement der Bundeswehr.

Feldzeit, Rücklaufquote und Stichprobenkorrektur

Die Datenerhebungsphase erfolgte nach den Sommerferien im September 2018. Aufgrund fehlender oder fehlerhafter Adressdaten wurden nicht genau 10 000, sondern insgesamt 9 868 Fragebögen verschickt. In einem beigefügten Anschreiben wurden die Probandinnen und Probanden darum gebeten, den ihnen übersandten Fragebogen möglichst binnen drei Wochen auszufüllen und an das ZMSBw zurückzuschicken. Bis zum 28. September 2018 erfolgte 93 Prozent des Fragebogenrücklaufs. Zusätzlich wurden die Fragebögen berücksichtigt, die noch während der Bearbeitungsphase der Fragebögen (Scannen der Fragebögen, Labeln, Erstellung und Prüfung der SPSS-Datensätze) bis zum 5. November 2018 im ZMSBw eintrafen (7 Prozent des Fragebogenrücklaufs).

Der Rücklauf, also die Rücksendung der ausgefüllten Fragebögen, an das ZMSBw kann als gut bezeichnet werden: Von den 4 924 Fragebögen, die nichtbehinderte Bundeswehrangehörige erreichten (Fragebogen A), wurden 1 396 ausgefüllte Fragebögen zurückgeschickt (vgl. Tabelle 3.2). Dies entspricht einer Rücklaufquote von 28 Prozent und bewegt sich damit im üblichen Rahmen der Rücklaufquoten bei dieser Art von Befragungen. Der Rücklauf der Fragebögen, die an die schwerbehinderten und diesen gleichgestellten behinderten Menschen in der Bundeswehr verschickt wurden (Fragebogen B), war erwartungsgemäß noch besser: Der Fragebogen zur Evaluation des Aktionsplans sowie des aktuellen Inklusionsklimas in der Bundeswehr (Modul 1) wies eine Rücklaufquote von 40 Prozent auf, die Fragebogenvariante zur Evaluation der Einzelmaßnahmen des Aktionsplans (Modul 2) wies eine Rücklaufquote von 31 Prozent auf. Der insgesamt bessere Fragebogenrücklauf der Schwerbehinderten und diesen gleichgestellten Behinderten lässt sich durch die persönliche Betroffenheit von dem Befragungsthema und damit der größeren Relevanz des Themas für die eigene berufliche Situation in der Bundeswehr erklären. Auffällig ist jedoch auch der recht große Unterschied zwischen den beiden Fragebogenvarianten der Schwerbehinderten und diesen gleichgestellten Behinderten. Die Beantwortung von Modul 1 ist, trotz persönlicher Betroffenheit, deutlich besser als die von Modul 2. Dies dürfte darauf zurückzuführen sein, dass die Evaluation der 49 Einzelmaßnahmen des Aktionsplans von einigen Befragten als zu umfangreich empfunden wurde oder die Beantwortung dieser detaillierten Abfrage von den Probandinnen und Probanden schlichtweg nicht zu leisten war.

Tabelle 3.2: Fragebogenversand und Rücklaufquote

	Fragebogen-versand (in absoluten Zahlen)	**Fragebogen-rücklauf** (in absoluten Zahlen/ ungewichtet)	**Rücklaufquote** (in Prozent)
Nichtbehinderte (Fragebogen A)	4 924	1 396	28
Schwerbehinderte und diesen gleichgestellte Behinderte (Fragebogen B, Modul 1)	2 468	994	40
Schwerbehinderte und diesen gleichgestellte Behinderte (Fragebogen B, Modul 2)	2 476	776	31
Insgesamt	9 868	3 166	32

Datenbasis: Inklusionsstudie des Zentrums für Militärgeschichte und Sozialwissenschaften der Bundeswehr 2018.

Telefonische Rückmeldungen von Dienststellen während der Datenerhebungsphase verdeutlichten zudem, dass ein Teil der Angeschriebenen nicht erreichbar war. Es wurde darauf hingewiesen, dass einzelne der für die Studie ausgewählten Probandinnen und Probanden nicht mehr unter ihrer dienstlichen Anschrift erreichbar seien, da sie sich, zum Teil seit längerer Zeit, in der Freistellungsphase (Altersteilzeit oder Härtefallregelung) befänden. Die genaue Anzahl dieser Personen konnte jedoch nicht bestimmt werden.

Das Ziel einer quantitativen Studie besteht darin, die Ergebnisse, die anhand der Stichprobe ermittelt wurden, auf die Grundgesamtheit der Untersuchung zu übertragen. Im Nachgang an die Datenerhebung wird jedoch häufig klar, dass die ermittelte Stichprobe entlang gewisser Teilpopulationen nicht mit der Grundgesamtheit übereinstimmt. Aus Bevölkerungsbefragungen ist etwa ein „Bildungsbias" bekannt, der besagt, dass sich Personen mit gehobenem Bildungsniveau eher dazu bereit erklären, an Umfragen teilzunehmen, weshalb sie in den Erhebungsdaten häufig überrepräsentiert sind. Bezogen auf die Bundeswehr ist ein ähnlicher Effekt bekannt: Die Teilnahmebereitschaft von Offizieren und Unteroffizieren mit Portepee (m.P.) ist deutlich besser als die von Unteroffizieren ohne Portepee (o.P.) und Mannschaften. Gewichtungen korrigieren diese Verzerrungen von Stichproben mit dem Ziel, dass sich die Stichprobe hinsichtlich ausgewählter Kriterien der Gesamtpopulation, aus der die Stichprobe gezogen wurde, möglichst gut angleicht. Die Korrektur von Stichprobenfehlern konzentriert sich in der Praxis auf bestimmte Variablen, die für die Gesamtpopulation exakt zu bestimmen sind. Durch Gewichtungen soll vermieden werden, dass Unter- und Überrepräsentationen von einzelnen Gruppen unter den Befragten zu verzerrten Befragungsergebnissen führen. Dazu gehen die Angaben jedes einzelnen Befragten entsprechend seiner Merkmalsausprägungen mit einer spezifischen Gewichtungsgröße in die Analysen ein. Im Hinblick auf die Gewichtungsprozedur wird dabei stets der Grundsatz beachtet: So behutsam wie möglich und so intensiv wie nötig.

In der vorliegenden Untersuchung erfolgte in jeder der drei realisierten Stichproben die Differenzierung danach, ob die Befragten dem militärischen oder dem zivilen Bereich der Bundeswehr zuzuordnen sind. Diese Gruppen wurden jeweils anhand unterschiedlicher Merkmale gewichtet. Für die Soldatinnen und Soldaten wurden die realisierten Stichproben mittels Gewichtung unter Einbeziehung der Merkmale Geschlecht, Statusgruppe (Berufssoldatinnen und -soldaten, Soldatinnen und Soldaten auf Zeit, Freiwillig Wehrdienstleistende), Dienstgradgruppe und Organisationsbereich korrigiert (vgl. Tabellen 3.3, 3.5 und 3.7). Für die zivilen Mitarbeiterinnen und Mitarbeiter wurden die realisierten Stichproben mittels Gewichtung unter Einbeziehung der Merkmale Geschlecht, Dienstverhältnis und Organisationsbereich korrigiert (vgl. Tabellen 3.4, 3.6 und 3.8). Systematische Verzerrungen, die beispielsweise aufgrund einer zu hohen oder zu niedrigen Beteiligung einzelner Subgruppen an der Befragung auftreten können, konnten damit weitgehend bereinigt oder zumindest verringert werden.

Tabelle 3.3: Stichprobenkorrektur und Gewichtung – nichtbehinderte Soldatinnen/Soldaten

(Angaben in Prozent)	Soll-SP[1]	Ist-SP (ungewichtet)	Differenz zur Soll-SP	Ist-SP (gewichtet)	Differenz zur Soll-SP
Geschlecht					
Männer	87,9	88,8	0,9	88,7	0,8
Frauen	12,1	11,2	-0,9	11,3	-0,8
Statusgruppe					
Berufssoldatinnen und -soldaten	28,1	41,2	13,2	28,6	0,5
Soldatinnen und Soldaten auf Zeit	67,5	56,3	-11,2	67,3	-0,2
Freiwillig Wehrdienstleistende	4,5	2,5	-2,0	4,2	-0,3
Dienstgradgruppe					
Generale/Admirale/Stabsoffiziere	7,4	12,1	4,7	7,4	0,0
Offiziere	12,2	16,4	4,2	11,1	-1,1
Unteroffiziere m.P.	32,9	40,3	7,4	32,9	0,0
Unteroffiziere o.P.	17,5	13,1	-4,4	18,0	0,5
Mannschaften	30,0	18,1	-11,9	30,6	0,6
Organisationsbereich					
BMVg	0,5	2,5	1,9	1,5	0,9
BMVg nachgeordneter Bereich	1,3	2,9	1,6	1,6	0,3
Heer	34,0	29,6	-4,4	34,7	0,7
Luftwaffe	15,8	15,9	0,1	16,0	0,2
Marine	9,2	10,3	1,1	9,3	0,1
Streitkräftebasis	15,2	14,4	-0,8	15,3	0,1
Zentraler Sanitätsdienst der Bundeswehr	11,4	12,0	0,6	11,7	0,3
Ausrüstung, Informationstechnik und Nutzung	0,9	1,8	0,9	0,9	0,0
Infrastruktur, Umweltschutz und Dienstleistungen	0,5	0,8	0,2	0,4	-0,1
Cyber- und Informationsraum	7,1	7,5	0,4	6,7	-0,4
Personal	4,1	2,5	-1,7	1,9	-2,2

Anmerkungen: Einzelne Prozentangaben ergeben mitunter in der Summe nicht 100 Prozent, da sie gerundet wurden. 1) Die Soll-Stichprobe erhält man, indem man die Anteile der Grundgesamtheit auf die jeweiligen Anteile der zu realisierenden Stichprobe (basierend auf der zuvor festgelegten Fallzahl) umrechnet.

Datenbasis: Inklusionsstudie des Zentrums für Militärgeschichte und Sozialwissenschaften der Bundeswehr 2018.

Tabelle 3.4: Stichprobenkorrektur und Gewichtung – nichtbehinderte zivile Mitarbeiterinnen/Mitarbeiter

(Angaben in Prozent)	Soll-SP[1]	Ist-SP (ungewichtet)	Differenz zur Soll-SP	Ist-SP (gewichtet)	Differenz zur Soll-SP
Geschlecht					
Männer	63,2	62,3	-0,9	64,7	1,5
Frauen	36,8	37,7	0,9	35,3	-1,5
Dienstverhältnis					
Beamtin/Beamter bzw. Richterin/Richter im ...					
einfachen Dienst	0,1	2,9	2,8	3,1	3,0
mittleren Dienst	14,4	17,0	2,7	15,5	1,1
gehobenen Dienst	11,7	18,5	6,8	12,6	0,8
höheren Dienst	6,3	7,7	1,4	4,7	-1,6
Arbeitnehmerin/Arbeitnehmer mit ...					
Entgeltgruppe 1–4	14,6	6,0	-8,6	5,9	-8,8
Entgeltgruppe 5–8	43,8	32,2	-11,5	46,8	3,1
Entgeltgruppe 9–12	3,4	9,4	6,0	4,7	1,3
Entgeltgruppe 13–15	2,1	3,3	1,3	2,6	0,6
Auszubildende/Auszubildender	3,7	2,9	-0,8	4,2	0,5
Organisationsbereich					
BMVg	1,8	11,2	9,4	5,3	3,5
BMVg nachgeordneter Bereich	1,0	7,8	6,8	3,7	2,7
Heer	2,8	3,4	0,6	3,0	0,2
Luftwaffe	6,6	7,6	1,0	8,3	1,7
Marine	2,2	3,4	1,2	2,8	0,6
Streitkräftebasis	8,8	7,4	-1,4	8,3	-0,5
Zentraler Sanitätsdienst der Bundeswehr	5,1	3,0	-2,2	4,3	-0,8
Ausrüstung, Informationstechnik und Nutzung	13,1	13,3	0,2	13,2	0,1
Infrastruktur, Umweltschutz und Dienstleistungen	45,1	24,5	-20,7	38,7	-6,5
Cyber- und Informationsraum	2,1	2,7	0,6	1,7	-0,4
Personal	10,9	15,2	4,2	10,3	-0,6
Militärseelsorge	0,5	0,6	0,2	0,6	0,1

Anmerkungen: Einzelne Prozentangaben ergeben mitunter in der Summe nicht 100 Prozent, da sie gerundet wurden. 1) Die Soll-Stichprobe erhält man, indem man die Anteile der Grundgesamtheit auf die jeweiligen Anteile der zu realisierenden Stichprobe (basierend auf der zuvor festgelegten Fallzahl) umrechnet.

Datenbasis: Inklusionsstudie des Zentrums für Militärgeschichte und Sozialwissenschaften der Bundeswehr 2018.

Tabelle 3.5: Stichprobenkorrektur und Gewichtung – schwerbehinderte und diesen gleichgestellte behinderte Soldatinnen/Soldaten

(Angaben in Prozent)	Soll-SP[1]	Ist-SP (ungewichtet)	Differenz zur Soll-SP	Ist-SP (gewichtet)	Differenz zur Soll-SP
Geschlecht					
Männer	89,6	88,1	-1,5	90,5	0,9
Frauen	10,4	11,9	1,5	9,5	-0,9
Statusgruppe					
Berufssoldatinnen und -soldaten	81,0	82,3	1,3	83,3	2,3
Soldatinnen und Soldaten auf Zeit	19,0	17,7	-1,3	16,7	-2,3
Freiwillig Wehrdienstleistende	0,0	0,0	0,0	0,0	0,0
Dienstgradgruppe					
Generale/Admirale/Stabsoffiziere	21,7	21,8	0,1	22,3	0,6
Offiziere	16,3	19,5	3,2	16,8	0,5
Unteroffiziere m.P.	54,1	52,3	-1,8	53,7	-0,4
Unteroffiziere o.P.	4,2	3,2	-1,0	2,7	-1,5
Mannschaften	3,7	4,1	0,4	4,5	0,8
Organisationsbereich					
BMVg	1,2	3,2	2,0	3,1	1,9
BMVg nachgeordneter Bereich	2,7	3,2	0,5	2,5	-0,2
Heer	17,8	17,4	-0,4	17,7	-0,1
Luftwaffe	15,6	15,1	-0,5	16,0	0,5
Marine	5,9	4,1	-1,8	4,9	-1,0
Streitkräftebasis	24,4	21,0	-3,4	23,2	-1,3
Zentraler Sanitätsdienst der Bundeswehr	18,8	22,4	3,6	19,2	0,4
Ausrüstung, Informationstechnik und Nutzung	2,2	2,7	0,5	2,2	0,0
Infrastruktur, Umweltschutz und Dienstleistungen	0,7	0,9	0,2	1,0	0,2
Cyber- und Informationsraum	7,2	6,4	-0,8	7,2	0,1
Personal	3,5	3,7	0,2	3,0	-0,5

Anmerkungen: Einzelne Prozentangaben ergeben mitunter in der Summe nicht 100 Prozent, da sie gerundet wurden.
1) Die Soll-Stichprobe erhält man, indem man die Anteile der Grundgesamtheit auf die jeweiligen Anteile der zu realisierenden Stichprobe (basierend auf der zuvor festgelegten Fallzahl) umrechnet.

Datenbasis: Inklusionsstudie des Zentrums für Militärgeschichte und Sozialwissenschaften der Bundeswehr 2018.

Tabelle 3.6: Stichprobenkorrektur und Gewichtung – schwerbehinderte und diesen gleichgestellte behinderte zivile Mitarbeiterinnen/ Mitarbeiter

(Angaben in Prozent)	Soll-SP[1]	Ist-SP (ungewichtet)	Differenz zur Soll-SP	Ist-SP (gewichtet)	Differenz zur Soll-SP
Geschlecht					
Männer	61,8	62,0	0,1	62,7	0,9
Frauen	38,2	38,0	-0,1	37,3	-0,9
Dienstverhältnis					
Beamtin/Beamter bzw. Richterin/Richter im …					
einfachen Dienst	0,5	2,4	1,9	2,4	1,9
mittleren Dienst	8,4	14,5	6,1	9,2	0,8
gehobenen Dienst	6,2	11,3	5,1	6,8	0,6
höheren Dienst	3,0	3,4	0,4	2,6	-0,4
Arbeitnehmerin/Arbeitnehmer mit …					
Entgeltgruppe 1–4	29,2	18,9	-10,3	23,3	-5,9
Entgeltgruppe 5–8	47,7	39,7	-8,0	50,2	2,5
Entgeltgruppe 9–12	3,4	8,0	4,6	4,3	0,9
Entgeltgruppe 13–15	0,6	0,9	0,3	0,4	-0,2
Auszubildende/Auszubildender	0,9	0,8	-0,1	0,8	-0,1
Organisationsbereich					
BMVg	1,4	11,8	10,4	4,7	3,3
BMVg nachgeordneter Bereich	0,9	7,5	6,6	3,2	2,2
Heer	2,4	5,1	2,7	3,1	0,7
Luftwaffe	5,5	7,3	1,8	5,9	0,4
Marine	2,2	3,3	1,1	2,5	0,3
Streitkräftebasis	10,9	9,4	-1,4	11,5	0,6
Zentraler Sanitätsdienst der Bundeswehr	4,5	6,1	1,6	4,8	0,3
Ausrüstung, Informationstechnik und Nutzung	9,7	9,4	-0,3	9,1	-0,6
Infrastruktur, Umweltschutz und Dienstleistungen	51,2	24,3	-26,8	43,2	-8,0
Cyber- und Informationsraum	1,7	2,4	0,7	1,6	-0,1
Personal	9,2	12,9	3,7	10,1	0,9
Militärseelsorge	0,4	0,6	0,1	0,3	-0,1

Anmerkungen: Einzelne Prozentangaben ergeben mitunter in der Summe nicht 100 Prozent, da sie gerundet wurden.
1) Die Soll-Stichprobe erhält man, indem man die Anteile der Grundgesamtheit auf die jeweiligen Anteile der zu realisierenden Stichprobe (basierend auf der zuvor festgelegten Fallzahl) umrechnet.

Datenbasis: Inklusionsstudie des Zentrums für Militärgeschichte und Sozialwissenschaften der Bundeswehr 2018.

Tabelle 3.7: Stichprobenkorrektur und Gewichtung – schwerbehinderte und diesen gleichgestellte behinderte Soldatinnen/Soldaten

(Angaben in Prozent)	Soll-SP[1]	Ist-SP (ungewichtet)	Differenz zur Soll-SP	Ist-SP (gewichtet)	Differenz zur Soll-SP
Geschlecht					
Männer	89,6	93,5	3,9	91,9	2,2
Frauen	10,4	6,5	-3,9	8,1	-2,2
Statusgruppe					
Berufssoldatinnen und -soldaten	81,0	85,9	5,0	83,3	2,3
Soldatinnen und Soldaten auf Zeit	19,0	14,1	-5,0	16,7	-2,3
Freiwillig Wehrdienstleistende	0,0	0,0	0,0	0,0	0,0
Dienstgradgruppe					
Generale/Admirale/Stabsoffiziere	21,7	22,7	1,0	22,2	0,4
Offiziere	16,3	21,1	4,8	16,2	-0,1
Unteroffiziere m.P.	54,1	51,4	-2,7	55,8	1,7
Unteroffiziere o.P.	4,2	2,2	-2,0	2,9	-1,3
Mannschaften	3,7	2,7	-1,0	2,9	-0,8
Organisationsbereich					
BMVg	1,2	3,8	2,5	1,9	0,7
BMVg nachgeordneter Bereich	2,7	2,2	-0,6	2,6	-0,1
Heer	17,8	17,3	-0,5	18,1	0,4
Luftwaffe	15,6	16,2	0,7	16,6	1,0
Marine	5,9	7,0	1,1	6,0	0,1
Streitkräftebasis	24,4	30,3	5,8	24,4	-0,1
Zentraler Sanitätsdienst der Bundeswehr	18,8	12,4	-6,3	19,2	0,4
Ausrüstung, Informationstechnik und Nutzung	2,2	1,6	-0,6	1,3	-0,9
Infrastruktur, Umweltschutz und Dienstleistungen	0,7	1,1	0,3	0,8	0,0
Cyber- und Informationsraum	7,2	6,5	-0,7	6,3	-0,9
Personal	3,5	1,6	-1,8	2,8	-0,6

Anmerkungen: Einzelne Prozentangaben ergeben mitunter in der Summe nicht 100 Prozent, da sie gerundet wurden.
1) Die Soll-Stichprobe erhält man, indem man die Anteile der Grundgesamtheit auf die jeweiligen Anteile der zu realisierenden Stichprobe (basierend auf der zuvor festgelegten Fallzahl) umrechnet.

Datenbasis: Inklusionsstudie des Zentrums für Militärgeschichte und Sozialwissenschaften der Bundeswehr 2018.

Tabelle 3.8: Stichprobenkorrektur und Gewichtung – schwerbehinderte und diesen gleichgestellte behinderte zivile Mitarbeiterinnen/ Mitarbeiter

(Angaben in Prozent)	Soll-SP[1]	Ist-SP (ungewichtet)	Differenz zur Soll-SP	Ist-SP (gewichtet)	Differenz zur Soll-SP
Geschlecht					
Männer	61,8	63,1	1,3	63,0	1,2
Frauen	38,2	36,9	-1,3	37,0	-1,2
Dienstverhältnis					
Beamtin/Beamter bzw. Richterin/Richter im ...					
einfachen Dienst	0,5	5,2	4,7	4,4	3,9
mittleren Dienst	8,4	15,7	7,2	9,7	1,3
gehobenen Dienst	6,2	10,6	4,4	7,3	1,1
höheren Dienst	3,0	4,9	1,8	2,9	-0,1
Arbeitnehmerin/Arbeitnehmer mit ...					
Entgeltgruppe 1–4	29,2	15,9	-13,3	19,0	-10,2
Entgeltgruppe 5–8	47,7	39,9	-7,8	51,6	3,9
Entgeltgruppe 9–12	3,4	6,6	3,2	4,3	0,9
Entgeltgruppe 13–15	0,6	0,9	0,2	0,5	-0,1
Auszubildende/Auszubildender	0,9	0,3	-0,5	0,2	-0,7
Organisationsbereich					
BMVg	1,4	12,8	11,5	5,0	3,6
BMVg nachgeordneter Bereich	0,9	8,0	7,1	3,5	2,5
Heer	2,4	6,7	4,3	3,4	0,9
Luftwaffe	5,5	8,6	3,1	6,7	1,2
Marine	2,2	3,9	1,7	2,7	0,5
Streitkräftebasis	10,9	9,9	-1,0	11,1	0,2
Zentraler Sanitätsdienst der Bundeswehr	4,5	3,7	-0,8	4,4	-0,1
Ausrüstung, Informationstechnik und Nutzung	9,7	8,4	-1,4	9,6	-0,1
Infrastruktur, Umweltschutz und Dienstleistungen	51,2	22,5	-28,6	41,3	-9,9
Cyber- und Informationsraum	1,7	2,0	0,4	1,0	-0,7
Personal	9,2	13,0	3,9	11,2	2,0
Militärseelsorge	0,4	0,4	-0,1	0,2	-0,2

Anmerkungen: Einzelne Prozentangaben ergeben mitunter in der Summe nicht 100 Prozent, da sie gerundet wurden. 1) Die Soll-Stichprobe erhält man, indem man die Anteile der Grundgesamtheit auf die jeweiligen Anteile der zu realisierenden Stichprobe (basierend auf der zuvor festgelegten Fallzahl) umrechnet.

Datenbasis: Inklusionsstudie des Zentrums für Militärgeschichte und Sozialwissenschaften der Bundeswehr 2018.

Methodischer Hinweis: Statistische Signifikanz[6]

- In der empirischen Sozialforschung wird in der Regel mit Stichprobendaten gearbeitet. Deshalb ist es notwendig, dass Informationen darüber bereitgestellt werden, mit welcher Sicherheit man die aus der Stichprobe gewonnenen Informationen auf die Grundgesamtheit übertragen kann.
- Statistische Signifikanz, die anhand eines Chi^2-Unabhängigkeitstest überprüft wird, misst die Wahrscheinlichkeit, dass ein beobachteter Unterschied zufällig entstanden ist, oder die Sicherheit, mit der eine Stichprobe Rückschlüsse auf die Grundgesamtheit erlaubt (signifikant = überzufällig).
- Signifikanz hängt zudem mit der Fallzahl (n) zusammen. Bei hohen Fallzahlen können auch kleine Unterschiede (bzw. schwache Zusammenhänge) signifikant werden. Andererseits müssen Unterschiede bei kleinen Stichproben recht deutlich ausfallen, um signifikant zu werden.
- Für die Angabe des Signifikanzniveaus werden nachfolgend in den Tabellen und Abbildungen ein bis drei Sterne verwendet.
- Ein Stern steht für ein Signifikanzniveau kleiner als 5 Prozent, d.h. die Wahrscheinlichkeit dafür, dass man irrtümlich einen Zusammenhang bzw. einen Effekt feststellt, obwohl dieser in der Grundgesamtheit nicht existiert, ist kleiner als 5 Prozent.
- Zwei Sterne repräsentieren ein Signifikanzniveau kleiner als 1 Prozent und drei Sterne kleiner als 0,1 Prozent.
- Dies bedeutet, dass die Ergebnisse von Analysen, die eines dieser Signifikanzniveaus erreichen, mit einer größeren Wahrscheinlichkeit auf die Grundgesamtheit übertragen werden können.
- Ein nicht signifikantes Ergebnis wird nachfolgend mit der Bezeichnung n.s. (nicht signifikant) versehen.

6 Vgl. Steinbrecher et al. 2018: 200–202.

A Vergleichende Betrachtung der Ergebnisse der Nichtbehinderten mit denen der Schwerbehinderten und diesen gleichgestellten Behinderten

4 Datengrundlage

In diesem Abschnitt wird zunächst die Datengrundlage der nachfolgend dargestellten Ergebnisse beschrieben. Das ist wichtig, um Meinungsverteilungen in den unterschiedlichen Befragtengruppen verstehen und einordnen zu können.

Für die Nichtbehinderten wurde eine repräsentative mehrfach geschichtete Zufallsstichprobe gezogen. Entsprechend besteht sie zu 71 Prozent aus Soldatinnen und Soldaten und zu 29 Prozent aus zivilen Mitarbeiterinnen und Mitarbeitern (vgl. Tabelle 4.1). Außerdem sind 82 Prozent männlich und 18 Prozent weiblich. Die Altersverteilung zeigt zudem auf, dass die Stichprobe der Nichtbehinderten eher jung ist. Zwei Drittel (66 Prozent) sind jünger als 41 Jahre und jeweils 44 Prozent verfügen über ein hohes oder mittleres Bildungsniveau. Die nichtbehinderten Soldatinnen und Soldaten der vorliegenden Stichprobe sind überwiegend Soldaten auf Zeit (67 Prozent), 29 Prozent sind Berufssoldaten und 4 Prozent Freiwillig Wehrdienstleistende. Hinsichtlich der Dienstgradgruppe sind 51 Prozent Unteroffiziere, 31 Prozent Mannschaften und 18 Prozent Offiziere. Die nichtbehinderten zivilen Mitarbeiterinnen und Mitarbeiter der vorliegenden Stichprobe zählen zu 36 Prozent zu der Gruppe der Beamtinnen und Beamten, zu 61 Prozent zu der Gruppe der Arbeitnehmerinnen und Arbeitnehmer und zu 4 Prozent zur Gruppe der Auszubildenden. Zudem haben 44 Prozent der Nichtbehinderten angegeben, dass sie in einer Vorgesetztenfunktion tätig sind (davon 7 Prozent mit und 37 Prozent ohne Recht zur Beurteilung).

Die in dieser Studie verwendete Stichprobe der Nichtbehinderten ist eher militärisch geprägt, männlich, jung und gut gebildet.

Die an dieser Stelle der vorliegenden Studie (Teil A) verwendete Stichprobe der Schwerbehinderten und diesen gleichgestellten Behinderten wurde als verkleinertes Abbild aller Schwerbehinderten und diesen gleichgestellten Behinderten angelegt. Entsprechend setzt sie sich zu 10 Prozent aus Soldatinnen und Soldaten und zu 90 Prozent aus zivilen Mitarbeiterinnen und Mitarbeitern zusammen. 65 Prozent sind männlich, 35 Prozent weiblich. Zudem sind die Schwerbehinderten und diesen gleichgestellten Behinderten der vorliegenden Stichprobe überwiegend den höheren Altersgruppen zugehörig: Sieben von zehn (70 Prozent) der schwerbehinderten und diesen gleichgestellten behinderten Menschen in der vorliegenden Stichprobe sind 51 Jahre und älter. Das Bildungsniveau ist zu 31 Prozent als gering, zu 44 Prozent als mittel und zu 25 Prozent als hoch zu bezeichnen. Die befragten schwerbehinderten und diesen gleichgestellten behinderten Soldatinnen und Soldaten sind überwiegend Berufssoldaten (83 Prozent) und nur selten Soldaten auf Zeit (17 Prozent). Auch in dieser Befragtengruppe stellen die Unteroffiziere die größte Teilgruppe (57 Prozent), gefolgt von den Offizieren (39 Prozent) und nur sehr wenigen Mannschaften (5 Prozent). Die vorliegende Stichprobe der schwerbehinderten und diesen gleichgestellten behinderten zivilen Mitarbeiterinnen und Mitarbeiter stammt überwiegend (78 Prozent) aus der Gruppe der Arbeitnehmerinnen und Arbeitnehmer (insbesondere der Entgeltgruppen 5 bis 8 und 1 bis 4), insgesamt 21 Prozent sind Beamtinnen und Beamte. Hinsichtlich der Frage, ob eine Vorgesetztenfunktion bekleidet wird, zeigt sich, dass lediglich 17 Prozent der befragten Schwerbehinderten und diesen gleichgestellten Behinderten in einer Vorgesetztenfunktion tätig sind (davon 3 Prozent mit und 14 Prozent ohne Recht zur Beurteilung). 82 Prozent sind nicht in einer Vorgesetztenfunktion tätig.

Die in diesem Teil der Studie verwendete Stichprobe der Schwerbehinderten und diesen gleichgestellten Behinderten ist eher zivil geprägt, männlich, älter, mit mittlerem Bildungsniveau und ohne Vorgesetztenfunktion.

Tabelle 4.1: Soziodemografie der Nichtbehinderten sowie der Schwerbehinderten und diesen gleichgestellten Behinderten

(Angaben in Prozent)	Nichtbehinderte	Schwerbehinderte und diesen gleichgestellte Behinderte
Militärisch/Zivil		
Soldatin/Soldat	71	10
Mitarbeiterin/Mitarbeiter	29	90
Geschlecht		
Männer	82	65
Frauen	18	35
Alter		
bis 20 Jahre	5	0
21 bis 30 Jahre	36	3
31 bis 40 Jahre	25	8
41 bis 50 Jahre	15	18
51 bis 60 Jahre	17	56
61 Jahre und älter	2	14
Bildungsniveau[1]		
Gering	12	31
Mittel	44	44
Hoch	44	25
Statusgruppe		
Berufssoldatinnen und -soldaten	29	83
Soldatinnen und Soldaten auf Zeit	67	17
Freiwillig Wehrdienstleistende	4	0
Dienstgradgruppe		
Stabsoffiziere/Generale/Admirale	7	22
Offiziere	11	17
Unteroffiziere m.P.	33	54
Unteroffiziere o.P.	18	3
Mannschaften	31	5
Dienstverhältnis/Entgeltgruppe		
Einfacher Dienst	3	2
Mittlerer Dienst	15	9
Gehobener Dienst	13	7
Höherer Dienst	5	3
Entgeltgruppe 1–4	6	23
Entgeltgruppe 5–8	47	50
Entgeltgruppe 9–12	5	4
Entgeltgruppe 13–15	3	0
Auszubildende/Auszubildender	4	1
Vorgesetztenfunktion		
Ja, mit Recht zur Beurteilung	7	3
Ja, ohne Recht zur Beurteilung	37	14
Nein	56	82

Anmerkungen: Einzelne Prozentangaben ergeben mitunter in der Summe nicht 100 Prozent, da sie gerundet wurden.
1) Gering: Kein Schulabschluss oder Hauptschulabschluss; Mittel: Realschulabschluss; Hoch: Fachhochschulreife oder Hochschulreife.

Datenbasis: Inklusionsstudie des Zentrums für Militärgeschichte und Sozialwissenschaften der Bundeswehr 2018.

Die Betrachtung soziodemografischer Merkmale der beiden Befragtengruppen verdeutlicht, dass sich die beiden Stichproben nicht nur darin unterscheiden, ob die Probandinnen und Probanden nichtbehindert oder schwerbehindert bzw. gleichgestellt sind. Vielmehr unterscheiden sie sich in einigen weiteren Bereichen (z.B. der Zugehörigkeit zum militärischen oder zivilen Bereich der Bundeswehr oder der Altersgruppen) deutlich voneinander. Dies kann die direkte Vergleichbarkeit der beiden Befragtengruppen beeinträchtigen. Dieser Umstand ist bei der Interpretation der nachfolgend vergleichend dargestellten Ergebnisse zu bedenken. Unterschiedliche Antworten auf einzelne Fragen müssen folglich nicht unbedingt auf das Merkmal Nichtbehinderung oder Schwerbehinderung/Gleichstellung zurückzuführen sein, sondern können auch auf anderen strukturellen Unterschieden basieren.

Angaben zur eigenen Schwerbehinderung bzw. Gleichstellung

Die Gruppe der schwerbehinderten und diesen gleichgestellten behinderten Studienteilnehmer konnte in einem Fragebogenabschnitt Angaben zu ihrer jeweiligen Behinderung machen. So konnten die Teilnehmerinnen und Teilnehmer unter anderem angeben, ob ihre Behinderung in ihrem beruflichen Umfeld allgemein, teilweise oder nicht bekannt ist. Insgesamt betrachtet geben 55 Prozent der Schwerbehinderten und diesen gleichgestellten Behinderten an, dass ihre Behinderung in ihrem beruflichen Umfeld allgemein bekannt ist (vgl. Abbildung 4.1). Weitere 44 Prozent sagen zudem, dass ihre Behinderung teilweise bekannt ist. Lediglich 1 Prozent gibt an, dass die eigene Behinderung im beruflichen Umfeld nicht bekannt ist. Interessant ist hinsichtlich dieser Frage die differenzierte Betrachtung nach militärischem und zivilem Bereich. Die Mehrheit der schwerbehinderten und diesen gleichgestellten behinderten Soldatinnen und Soldaten gibt an, dass die eigene Behinderung im beruflichen Umfeld nur teilweise bekannt ist (52 Prozent).

Abbildung 4.1: Bekanntheit der eigenen Behinderung im beruflichen Umfeld

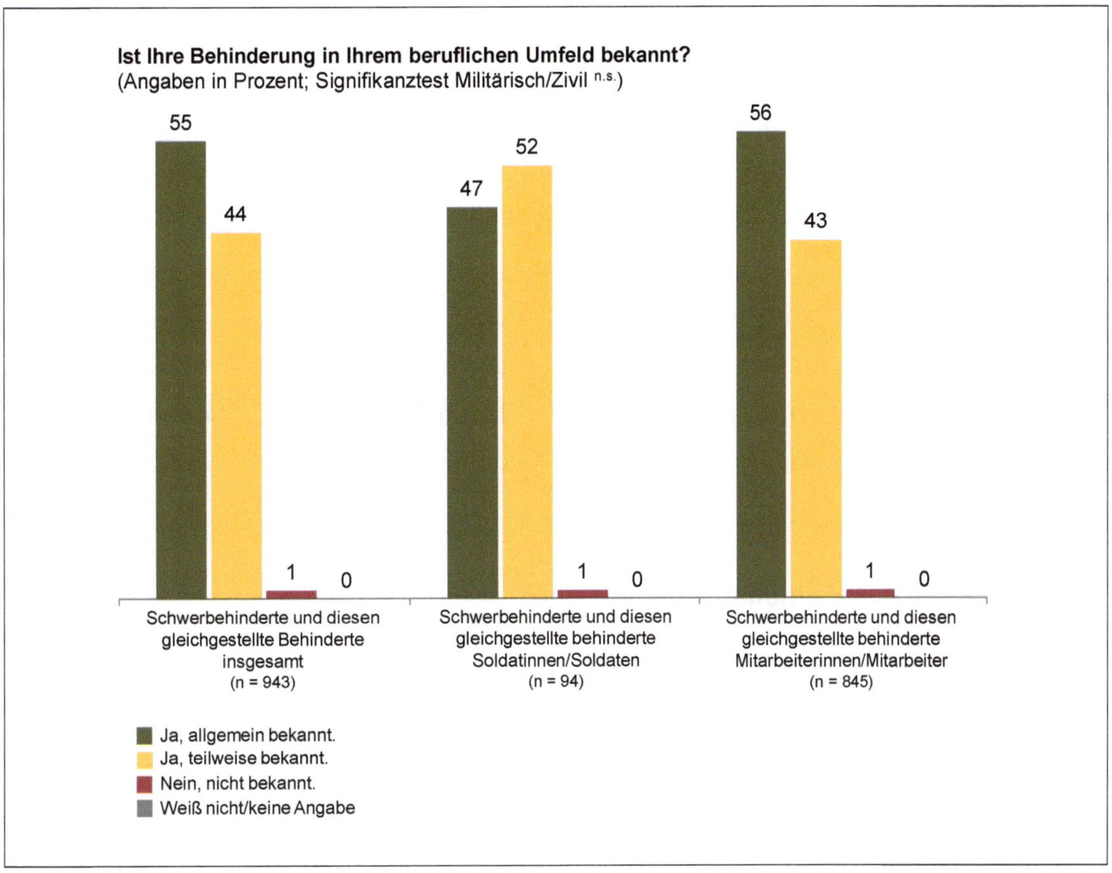

Anmerkung: Chi²-Unabhängigkeits-Test, Signifikanzniveau: *** $p < .001$; ** $p < .01$; * $p < .05$; n.s. = nicht signifikant ($p \geq .05$).

Datenbasis: Inklusionsstudie des Zentrums für Militärgeschichte und Sozialwissenschaften der Bundeswehr 2018.

Bei den schwerbehinderten und diesen gleichgestellten zivilen Mitarbeiterinnen und Mitarbeitern gibt eine deutliche Mehrheit (56 Prozent) an, dass die eigene Behinderung allgemein bekannt ist. Diese Ergebnisse deuten darauf hin, dass die eigene Behinderung unter den zivilen Bundeswehrangehörigen offener kommuniziert wird als im militärischen Bereich. Dies kann dadurch begründet sein, dass schwerbehinderte und diesen gleichgestellte behinderte Soldatinnen und Soldaten auf größere Vorbehalte zu dieser Thematik im Kameradenkreis stoßen oder diese vermuten. Ferner könnte auch das eigene Selbstbild als Soldatin oder Soldat, das sich unter anderem durch körperliche Stärke, Ausdauer und Leistungsfähigkeit auszeichnet, einem offenen Umgang mit dieser Thematik im dienstlichen Kontext entgegenstehen. Die in der Stichprobe beobachteten Unterschiede zwischen militärischem und zivilem Bereich erweisen sich jedoch als statistisch nicht signifikant. Die beobachteten Differenzen in der Stichprobe lassen also mit einer hohen Wahrscheinlichkeit nicht darauf schließen, dass es tatsächliche Unterschiede in der Grundgesamtheit gibt.

In den darauffolgenden Fragen konnten nähere Angaben zur Art der eigenen Behinderung gemacht werden. Insgesamt betrachtet haben die schwerbehinderten und diesen gleichgestellten behinderten Bundeswehrangehörige am häufigsten Körperbehinderungen (52 Prozent) und innere Erkrankungen (41 Prozent) (vgl. Tabelle 4.2). Weitaus weniger Befragte berichten von psychischen Erkrankungen (15 Prozent), Hör- oder Sehbehinderungen (9 bzw. 6 Prozent), Epilepsie (3 Prozent), geistiger Behinderung (2 Prozent) sowie Lernbehinderungen oder Suchtkrankheiten (jeweils 1 Prozent). Die vergleichende Betrachtung zwischen schwerbehinderten und diesen gleichgestellten behinderten Soldatinnen und Soldaten mit zivilen Mitarbeiterinnen und Mitarbeitern zeigt, dass Soldaten häufiger von inneren Erkrankungen berichten (52 bzw. 40 Prozent) und dafür seltener von Körperbehinderungen (41 bzw. 53 Prozent). Zudem haben Soldatinnen und Soldaten wesentlich häufiger psychische Erkrankungen als zivile Mitarbeiterinnen und Mitarbeiter (23 bzw. 14 Prozent).

Tabelle 4.2: Art der eigenen Behinderung

Welche Art von Behinderung haben Sie? (Mehrfachnennungen möglich)			
(Anteile „Ja" in Prozent)	**Insgesamt**	**Soldatinnen und Soldaten**	**Mitarbeiterinnen und Mitarbeiter**
Geistige Behinderung	2	1	2
Lernbehinderung	1	2	1
Körperbehinderung	52	41	53
Hörbehinderung/Gehörlosigkeit	9	5	10
Sehbehinderung/Blindheit	6	5	6
Epilepsie	3	3	3
Innere Erkrankungen	41	52	40
Psychische Erkrankungen	15	23	14
Suchtkrankheiten	1	1	0

Datenbasis: Inklusionsstudie des Zentrums für Militärgeschichte und Sozialwissenschaften der Bundeswehr 2018.

Die Auswertung aller offenen Nennungen zur näheren Erläuterung der eigenen Behinderung erfolgte ebenfalls getrennt nach militärischem und zivilem Bereich. Die Darstellung als Word-Cloud soll einen Eindruck über das Spektrum der beschriebenen Behinderungen, Einschränkungen und chronischen Erkrankungen vermitteln. Die Größe der Schrift spiegelt in beiden Abbildungen (4.2 und 4.3) jeweils die Häufigkeit der Nennungen wider.

Die befragten Soldatinnen und Soldaten nannten am häufigsten unterschiedliche Formen von Krebs- und Tumorerkrankungen, die aus Gründen der Übersichtlichkeit unter dem Oberbegriff Krebs zusammengefasst wurden (vgl. Abbildung 4.2). Häufig wurden auch Verletzungen oder Traumatisierungen benannt, die während oder im Anschluss an Auslandseinsätze auftraten.

Abbildung 4.2: Nähere Beschreibung der Art der Behinderung – schwerbehinderte und diesen gleichgestellte behinderte Soldatinnen und Soldaten

Datenbasis: Inklusionsstudie des Zentrums für Militärgeschichte und Sozialwissenschaften der Bundeswehr 2018.

Am zweithäufigsten wurde folglich die Posttraumatische Belastungsstörung (PTBS) und damit einhergehende psychische Erkrankungen, wie Depressionen und Angststörungen, genannt. Als körperliche Beeinträchtigungen wurden am häufigsten unterschiedliche Formen von Gehbehinderungen und Bandscheibenvorfälle genannt. Häufig genannt wurden ebenfalls unterschiedliche Formen der Stoffwechselerkrankung Diabetes sowie Multiple Sklerose. Weitere Gründe für die vorliegende Schwerbehinderung bzw. Gleichstellung sind Hörbehinderungen, Arthrose und Wirbelsäulenverletzungen.

Obwohl es in den Reihen der Bundeswehr seit ihrer Aufstellung stets Soldatinnen und Soldaten gab, die durch Krankheiten oder Unfälle schwerbehindert geworden sind, ist nicht zuletzt durch Verletzungen oder Traumatisierungen in den Auslandseinsätzen das Phänomen Behinderung in neuester Zeit zu einem soldatischen Thema geworden.

Die befragten schwerbehinderten und diesen gleichgestellten behinderten zivilen Mitarbeiterinnen und Mitarbeiter benannten am häufigsten unterschiedliche Formen der Stoffwechselerkrankung Diabetes sowie Krebserkrankungen und Bandscheibenvorfälle, wenn sie gefragt wurden, ob sie ihre Behinderung, Einschränkung oder chronische Erkrankung näher beschreiben könnten (vgl. Abbildung 4.3). Häufig wurden zudem körperliche Erkrankungen wie Rheuma, Arthrose und Knieverletzungen sowie Depressionen, chronische Erkrankungen und Multiple Sklerose als Ursachen für die anerkannte Schwerbehinderung bzw. Gleichstellung genannt. Weitere Nennungen entfielen zudem auf Asthma, Rückenschmerzen, Migräne und Schlaganfälle.

Abbildung 4.3: Nähere Beschreibung der Art der Behinderung – schwerbehinderte und diesen gleichgestellte behinderte zivile Mitarbeiterinnen und Mitarbeiter

Datenbasis: Inklusionsstudie des Zentrums für Militärgeschichte und Sozialwissenschaften der Bundeswehr 2018.

Die Frage, ob die eigene Behinderung auf die berufliche Tätigkeit bei der Bundeswehr zurückzuführen ist, bejahen insgesamt 16 Prozent der befragten schwerbehinderten und diesen gleichgestellten behinderten Menschen (vgl. Abbildung 4.4). Acht von zehn (78 Prozent) verneinen dies und 6 Prozent können oder möchten dazu keine Aussage treffen. Die differenzierte Betrachtung nach militärischem und zivilem Bereich deckt statistisch signifikante Unterschiede auf: Schwerbehinderte und diesen gleichgestellte behinderte Soldatinnen und Soldaten geben doppelt so häufig an, dass ihre Behinderung auf ihre berufliche Tätigkeit bei der Bundeswehr zurückzuführen ist wie zivile Schwerbehinderte und diesen gleichgestellte Behinderte (28 bzw. 14 Prozent). Diese Aussage deckt sich mit den vorangegangenen Antworten, welche die eigene Behinderung näher bezeichneten. Dort wurde deutlich, dass gerade als Folge von Auslandseinsätzen Schäden an Leib und Seele der Soldatinnen und Soldaten zurückbleiben können.

Abbildung 4.4: Zusammenhang Behinderung und berufliche Tätigkeit innerhalb der Bundeswehr

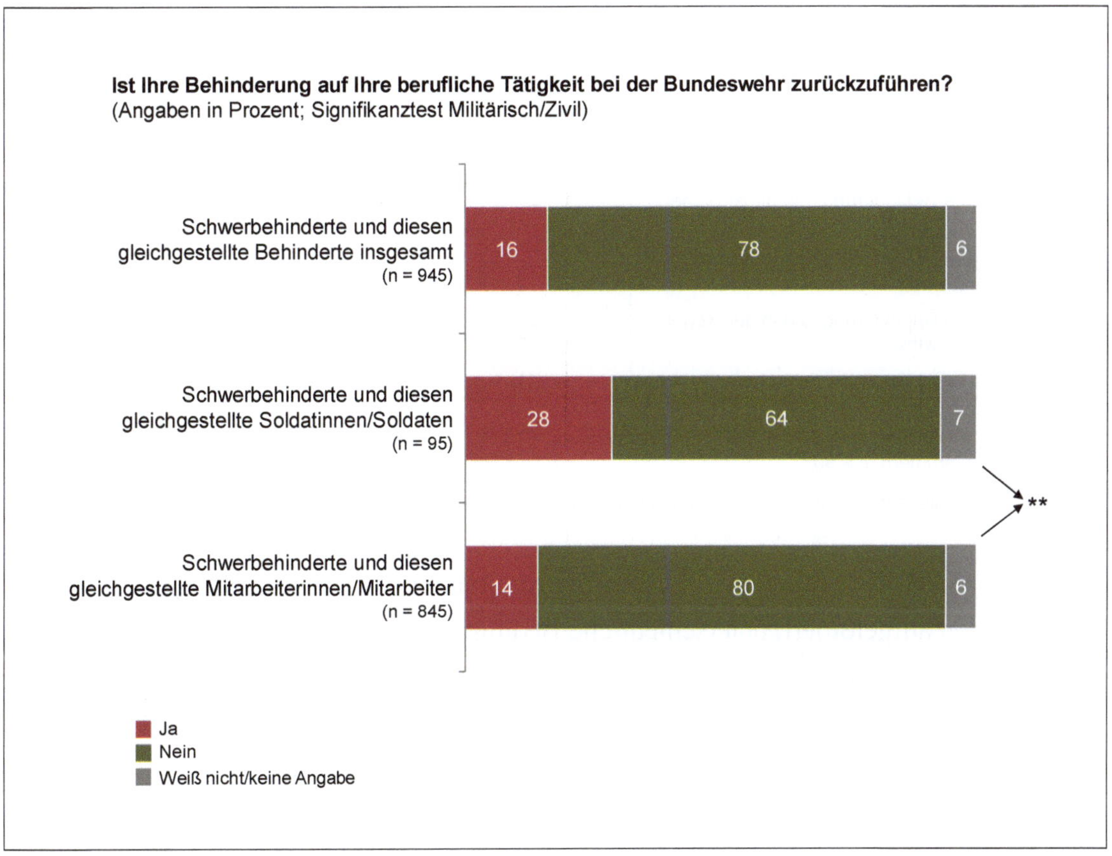

Anmerkungen: Einzelne Prozentangaben ergeben mitunter in der Summe nicht 100 Prozent, da sie gerundet wurden; Chi²-Unabhängigkeits-Test, Signifikanzniveau: *** $p < .001$; ** $p < .01$; * $p < .05$; n.s. = nicht signifikant ($p \geq .05$).

Datenbasis: Inklusionsstudie des Zentrums für Militärgeschichte und Sozialwissenschaften der Bundeswehr 2018.

Anschließend wurden die Befragten darum gebeten anzugeben, ob sie eine Behinderung haben, die direkt bemerkt wird, die nach einiger Zeit bemerkt wird oder in der Regel nicht bemerkt wird. Insgesamt betrachtet gibt die Mehrheit (53 Prozent) der Schwerbehinderten und diesen gleichgestellten Behinderten an, dass die eigene Behinderung in der Regel nicht bemerkt wird (vgl. Tabelle 4.3). Ein Drittel (33 Prozent) sagt, dass die eigene Behinderung nach einiger Zeit bemerkt wird, und 13 Prozent beschreiben, dass ihre Behinderung direkt bemerkt wird. Die differenzierte Betrachtung nach militärischem und zivilem Bereich zeigt, dass die Behinderungen der Soldatinnen und Soldaten häufiger unbemerkt bleiben als die der Zivilangehörigen der Bundeswehr (64 bzw. 52 Prozent). Dies ist plausibel, da Soldatinnen und Soldaten häufiger von Krankheiten oder Beeinträchtigungen berichteten, die in der Regel nicht sichtbar sind (innere und psychische Erkrankungen), während die zivilen Schwerbehinderten und diesen gleichgestellten Behinderten am häufigsten von körperlichen Behinderungen berichteten, welche häufig auch als solche sichtbar sind. Allerdings sind die beobachteten Unterschiede zwischen militärischem und zivilem Bereich statistisch nicht signifikant.

Tabelle 4.3: Sichtbarkeit der eigenen Behinderung

Welche Aussage trifft auf Ihre Behinderung zu? (Angaben in Prozent)			
Signifikanztest Militärisch/Zivil $^{n.s.}$	**Insgesamt** (n = 945)	**Soldatinnen und Soldaten** (n = 95)	**Mitarbeiterinnen und Mitarbeiter** (n = 846)
Ich habe eine Behinderung, die direkt bemerkt wird.	13	(8)	13
Ich habe eine Behinderung, die nach einiger Zeit bemerkt wird.	33	(27)	34
Ich habe eine Behinderung, die in der Regel nicht bemerkt wird.	53	64	52
Weiß nicht/keine Angabe	(1)	(0)	(1)

Anmerkungen: Chi²-Unabhängigkeits-Test, Signifikanzniveau: *** $p < .001$; ** $p < .01$; * $p < .05$; n.s. = nicht signifikant ($p \geq .05$); Werte in Klammern: $n \leq 50$.

Datenbasis: Inklusionsstudie des Zentrums für Militärgeschichte und Sozialwissenschaften der Bundeswehr 2018.

Im Anschluss an die Fragen zur näheren Beschreibung der eigenen Behinderung wurden die Befragten aufgefordert, unterschiedliche Bedingungen in ihrer Dienststelle bzw. an ihrem Arbeitsplatz zu bewerten. Mit der baulichen Gestaltung der eigenen Dienststelle sind insgesamt betrachtet vier von zehn (44 Prozent) Schwerbehinderte und diesen gleichgestellte Behinderte zufrieden (vgl. Tabelle 4.4). Differenziert betrachtet zeigen sich die Soldatinnen und Soldaten in diesem Punkt etwas zufriedener als die schwerbehinderten und diesen gleichgestellten zivilen Mitarbeiterinnen und Mitarbeiter (48 bzw. 44 Prozent). Hinsichtlich der Barrierefreiheit herrscht insgesamt größere Zufriedenheit im Bereich des direkten Arbeitsumfeldes (z.B. Zugang zum eigenen Arbeitsplatz) als im Bereich des weiteren Arbeitsumfeldes (z.B. Zugang zu anderen Dienstgebäuden oder Besprechungsräumen) (57 bzw. 43 Prozent). Im Vergleich der beiden Bereiche zeigen sich die Soldatinnen und Soldaten hinsichtlich der Barrierefreiheit des direkten Arbeitsumfeldes deutlich zufriedener und hinsichtlich des weiteren Arbeitsumfeldes etwas zufriedener als die zivilen Mitarbeiterinnen und Mitarbeiter. Jeweils drei von zehn (32 bzw. 27 Prozent) der Schwerbehinderten und diesen gleichgestellten Behinderten sehen Verbesserungspotenzial, was die Anzahl und Lage der verfügbaren Behindertenparkplätze angeht. Auch in diesem Punkt zeigen sich die befragten Soldatinnen und Soldaten zufriedener als die befragten zivilen Mitarbeiterinnen und Mitarbeiter. Mit der behindertengerechten technischen Ausstattung des Arbeitsplatzes zeigen sich insgesamt 42 Prozent der Schwerbehinderten und diesen gleichgestellten Behinderten zufrieden. Jeweils rund ein Fünftel (19 bzw. 22 Prozent) ist teils zufrieden, teils unzufrieden oder unzufrieden. Fast ebenso verhält es sich bei der Ausstattung des eigenen Arbeitsplatzes mit behindertengerechtem Mobiliar: 43 Prozent sind zufrieden, 17 Prozent teils zufrieden, teils unzufrieden und 23 Prozent sind damit unzufrieden. Hinsichtlich der Anzahl und Lage der behindertengerechten Toiletten zeigen sich jeweils vier von zehn (44 bzw. 41 Prozent) der Schwerbehinderten und diesen gleichgestellten behinderten Menschen unzufrieden. Auch die Unterscheidung nach militärischem und zivilem Bereich ergibt bei diesen Fragen sehr übereinstimmende Ergebnisse. Sowohl die schwerbehinderten und diesen gleichgestellten behinderten Soldatinnen und Soldaten als auch die schwerbehinderten und diesen gleichgestellten behinderten zivilen Mitarbeiterinnen und Mitarbeiter sehen bei diesem Punkt noch Verbesserungsbedarf.

Die befragten schwerbehinderten und diesen gleichgestellten behinderten Menschen in der Bundeswehr zeigen sich mit der Anzahl und Lage der behindertengerechten Toiletten und Parkplätze am unzufriedensten. Die Aspekte Barrierefreiheit (der Dienststelle sowie des direkten und weiteren Arbeitsumfeldes) und Ausstattung (Technik und Mobiliar) werden hingegen positiver gesehen. Auffällig ist, dass die Zufriedenheit der zivilen Mitarbeiterinnen und Mitarbeiter in fast allen Bereichen geringer ausfällt als die der Soldatinnen und Soldaten.

Tabelle 4.4: Bewertung von Arbeitsbedingungen

Wie zufrieden sind Sie mit den folgenden Bedingungen in Ihrer Dienststelle bzw. an Ihrem Arbeitsplatz?				
(Angaben in Prozent)	Zufrieden[1]	Teils/teils	Unzufrieden[2]	Weiß nicht/k.A.
Bauliche Gestaltung Ihrer Dienststelle				
Insgesamt (n = 945)	44	32	19	(5)
Signifikanztest Militärisch/Zivil n.s.				
Soldatinnen und Soldaten (n = 95)	(48)	(33)	(17)	(2)
Mitarbeiterinnen und Mitarbeiter (n = 846)	44	32	19	(5)
Barrierefreiheit Ihres direkten Arbeitsumfeldes (Zugang zu Ihrem Arbeitsplatz)				
Insgesamt (n = 945)	57	18	19	6
Signifikanztest Militärisch/Zivil *				
Soldatinnen und Soldaten (n = 95)	64	(11)	(23)	(2)
Mitarbeiterinnen und Mitarbeiter (n = 846)	56	19	18	7
Barrierefreiheit Ihres weiteren Arbeitsumfeldes (Zugang zu anderen Dienstgebäuden/Besprechungsräumen)				
Insgesamt (n = 945)	43	26	24	7
Signifikanztest Militärisch/Zivil *				
Soldatinnen und Soldaten (n = 95)	(47)	(21)	(31)	(2)
Mitarbeiterinnen und Mitarbeiter (n = 846)	43	26	23	8
Anzahl der Behindertenparkplätze				
Insgesamt (n = 945)	34	18	32	16
Signifikanztest Militärisch/Zivil n.s.				
Soldatinnen und Soldaten (n = 95)	(41)	(20)	(32)	(7)
Mitarbeiterinnen und Mitarbeiter (n = 846)	34	18	32	17
Lage der Behindertenparkplätze				
Insgesamt (n = 945)	39	17	27	17
Signifikanztest Militärisch/Zivil *				
Soldatinnen und Soldaten (n = 95)	(49)	(21)	(21)	(9)
Mitarbeiterinnen und Mitarbeiter (n = 846)	38	17	27	18
Ausstattung Ihres Arbeitsplatzes mit behindertengerechter Technik				
Insgesamt (n = 945)	42	19	22	17
Signifikanztest Militärisch/Zivil n.s.				
Soldatinnen und Soldaten (n = 95)	(51)	(19)	(18)	(12)
Mitarbeiterinnen und Mitarbeiter (n = 846)	41	19	22	18

(Angaben in Prozent)	Zufrieden[1]	Teils/teils	Unzufrieden[2]	Weiß nicht/k.A.
Ausstattung Ihres Arbeitsplatzes mit behindertengerechtem Mobiliar				
Insgesamt (n = 945)	43	17	23	16
Signifikanztest Militärisch/Zivil n.s.				
Soldatinnen und Soldaten (n = 95)	(51)	(20)	(17)	(12)
Mitarbeiterinnen und Mitarbeiter (n = 846)	42	17	24	16
Anzahl der behindertengerechten Toiletten				
Insgesamt (n = 945)	23	16	44	16
Signifikanztest Militärisch/Zivil n.s.				
Soldatinnen und Soldaten (n = 95)	(20)	(23)	(45)	(12)
Mitarbeiterinnen und Mitarbeiter (n = 846)	24	16	44	17
Lage der behindertengerechten Toiletten				
Insgesamt (n = 945)	22	17	41	20
Signifikanztest Militärisch/Zivil n.s.				
Soldatinnen und Soldaten (n = 95)	(20)	(23)	(44)	(13)
Mitarbeiterinnen und Mitarbeiter (n = 846)	22	16	41	21

Anmerkungen: Einzelne Prozentangaben ergeben mitunter in der Summe nicht 100 Prozent, da sie gerundet wurden; 1) Die Antwortvorgaben „sehr zufrieden" und „eher zufrieden" werden zusammengefasst dargestellt; 2) Die Antwortvorgaben „sehr unzufrieden" und „eher unzufrieden" werden zusammengefasst dargestellt; Werte in Klammern: $n \leq 50$; Chi²-Unabhängigkeits-Test, Signifikanzniveau: *** $p < .001$; ** $p < .01$; * $p < .05$; n.s. = nicht signifikant ($p \geq .05$).

Datenbasis: Inklusionsstudie des Zentrums für Militärgeschichte und Sozialwissenschaften der Bundeswehr 2018.

Im Anschluss konnten die Befragten bis zu drei weitere Maßnahmen offen benennen, die umgesetzt werden sollten, um ihren Arbeitsalltag zu verbessern. Die insgesamt 518 Nennungen wurden in zwei Kategorien unterteilt: Maßnahmen, die auf die Verbesserung der Infrastruktur und der Arbeitsbedingungen abzielen (vgl. Abbildung 4.5), und Maßnahmen, die die Aspekte Bewusstseinsbildung und Chancengerechtigkeit betreffen (vgl. Abbildung 4.6). Die nachfolgend dargestellten Antworten stellen eine Auswahl der am häufigsten genannten Aspekte dar.

Im Hinblick auf die Infrastruktur und die Arbeitsbedingungen benennen die Schwerbehinderten und diesen gleichgestellten Behinderten zum einen Maßnahmen, die die Barrierefreiheit im Dienstalltag verbessern sollen, wie Fahrstühle, abgesenkte Bordsteine, Handläufe und automatische Türen (vgl. Abbildung 4.5). Außerdem werden Aspekte benannt, die auf die behindertengerechte Ausstattung der Arbeitsplätze abzielen, wie behindertengerechte IT-Ausstattung, größere Bildschirme, höhenverstellbare Schreibtische und behindertengerechte Toiletten. Hinsichtlich der Arbeitsbedingungen sehen die Schwerbehinderten und diesen gleichgestellten Behinderten Optimierungspotenzial, wenn es um die Beleuchtung sowie den Schutz vor Lärm und Staub am Arbeitsplatz geht. Außerdem wünschen sich viele Betroffene, dass der Zeitdruck reduziert wird und flexible Arbeitszeitmodelle (z.B. Telearbeit oder ortsunabhängiges Arbeiten) zur Anwendung kommen.

Abbildung 4.5: Weitere gewünschte Maßnahmen zur Verbesserung des Arbeitsalltags – Infrastruktur und Arbeitsbedingungen

„... Fahrstuhl; ergonomische Arbeitsplatzausstattung; Absenkung der Bordsteine; behindertengerechte Toiletten; automatische Türen; Dienst-Kfz mit Automatik; Einzelbüros; höhenverstellbarer Schreibtisch; Behindertenparkplätze; größere Bildschirme; Ruheraum; bessere IT-Ausstattung; Barrierefreiheit in den Dienststellen; Bildtelefon; Telearbeit; Klimaanlage; Lärmschutz; bessere Beleuchtung der Arbeitsplätze; barrierefreie Eingänge mit Rampen; behindertengerechte Ausstattung der Arbeitsplätze; Zeitdruck reduzieren; Verbesserung der technischen Ausstattung; Schalter zum Öffnen der schweren Brandschutztüren; Stufen kennzeichnen; Schutz vor Staub; Sportangebote für Behinderte; Sonnenschutz; Schaffung behindertengerechter Pausen- und Sozialräume; ortsunabhängiges Arbeiten; Mobilität verbessern; barrierefreie Gebäude; mehr Geräte im Kraftraum für Reha-Sport; Handläufe an Treppen; Gebärdensprachdolmetscher; Flexibilisierung der Arbeitszeit; Büro im Untergeschoss; Fortbewegungsmittel z.B. E-Bike oder E-Roller ...“

Datenbasis: Inklusionsstudie des Zentrums für Militärgeschichte und Sozialwissenschaften der Bundeswehr 2018.

In puncto Bewusstseinsbildung wünschen sich die schwerbehinderten und diesen gleichgestellten behinderten Menschen mehr Kommunikation und Information über das Thema Inklusion, eine engere Zusammenarbeit mit der Schwerbehindertenvertretung und Schulungen für Nichtbehinderte, um größere Sensibilität und mehr Verständnis für diese Thematik und die Betroffenen zu erzeugen (vgl. Abbildung 4.6). Weitere gewünschte Maßnahmen zur Chancengerechtigkeit sind: mehr Anerkennung durch Vorgesetzte sowie Kolleginnen und Kollegen bzw. Kameradinnen und Kameraden, das Einhalten von Bestimmungen im Rahmen dienstlicher Beurteilungen, den Ausbau von Dienstposten für Schwerbehinderte und diesen gleichgestellte Behinderte sowie Verlängerungs- und Aufstiegsmöglichkeiten.

Abbildung 4.6: Weitere gewünschte Maßnahmen zur Verbesserung des Arbeitsalltags – Bewusstseinsbildung und Chancengerechtigkeit

„... Anerkennung der Behinderten durch Vorgesetzte und Kollegen; bessere Kommunikation; Bestimmungen im Rahmen dienstlicher Beurteilungen beachten und anwenden; Disziplinarvorgesetzte schulen; Schulungen bzw. Informationsveranstaltungen für Nichtbehinderte; engerer Kontakt zur Schwerbehindertenvertretung; bessere Hilfestellung und Aufklärung; mehr Verständnis durch die Vorgesetzten; Weiterbildung für militärische Vorgesetzte im Umgang mit behinderten Menschen; Vorgesetzten die Inhalte der Inklusionsvorschrift näherbringen; mehr Bewusstsein; Umgang mit Kollegen und Vorgesetzten verbessern; Truppenärzte schulen; Vorgesetzte und Nichtbehinderte für dieses Thema sensibilisieren; Schulungen im Umgang mit Hilfsmitteln; bessere Personalplanung; Karrieremöglichkeiten für Schwerbehinderte verbessern; SaZ-Verlängerung auch für Schwerbehinderte ermöglichen; mehr Rücksichtnahme durch Vorgesetzte und Kollegen; mehr Stellen für Behinderte schaffen; Dienstposten für behinderte Soldaten; Einzelabsprachen und Regelungen ermöglichen; mehr Wertschätzung ...“

Datenbasis: Inklusionsstudie des Zentrums für Militärgeschichte und Sozialwissenschaften der Bundeswehr 2018.

Die offene Nachfrage nach Maßnahmen, die umgesetzt werden sollten, um den eigenen Arbeitsalltag zu verbessern, fördert eine Vielzahl von Nennungen zutage. Diese lassen sich in vier Bereiche zusammenfassen, die den Schwerbehinderten und diesen gleichgestellten Behinderten besonders wichtig sind: Infrastruktur, Arbeitsbedingungen, Bewusstseinsbildung und Chancengerechtigkeit.

Im Anschluss an diese erste grobe Auswertung der offenen Nennungen erfolgten quantitative Inhaltsanalysen. Zu Beginn der Analyse steht die Sichtung aller offenen Nennungen. Anschließend wird ein Kategorienschema entwickelt, um die Antworten zu codieren. Das bedeutet, dass die offenen Nennungen den zuvor festgelegten Kategorien zugeordnet und mit einem numerischen Code versehen werden. Diese Codes können anschließend von der Analysesoftware in Form von Häufigkeitstabellen ausgezählt und in Prozenten ausgewiesen werden. Für die Frage nach weiteren Maßnahmen, die umgesetzt werden sollten, um den eigenen Arbeitsalltag zu verbessern, wurden die numerischen Ergebnisse in den Abbildungen 4.7 und 4.8 dargestellt.

Die häufigsten Nennungen entfielen auf den Wunsch nach Anerkennung der Behinderung durch Vorgesetzte und Kollegen bzw. Kameraden, nach Verständnis, Akzeptanz und Schulungen von Vorgesetzten (12 Prozent). Jeweils 9 Prozent der Befragten benannten zudem den Aspekt der Barrierefreiheit (Zugang zur Dienststelle, Dienstgebäuden und dem eigenen Arbeitsplatz) sowie der Ausstattung des eigenen Arbeitsplatzes mit behindertengerechtem oder ergonomischem Mobiliar. Weitere Nennungen entfielen auf behindertengerechte Toiletten oder Duschen (8 Prozent), die Bereitstellung von Hilfsmitteln (7 Prozent), Sonstiges (6 Prozent) sowie Behindertenparkplätze, behindertengerechte Büros, Verbesserung des Raumklimas sowie Verbesserung der Beleuchtung (jeweils 5 Prozent).

Abbildung 4.7: Weitere gewünschte Maßnahmen zur Verbesserung des Arbeitsalltags – Teil 1

Gibt es weitere Maßnahmen, die umgesetzt werden sollten, um Ihren Arbeitsalltag zu verbessern? Bitte nennen Sie bis zu drei Maßnahmen. (1/2)
(Anteile in Prozent, Mehrfachnennungen möglich, Anzahl Nennungen von Schwerbehinderten/ Gleichgestellten: n = 496)

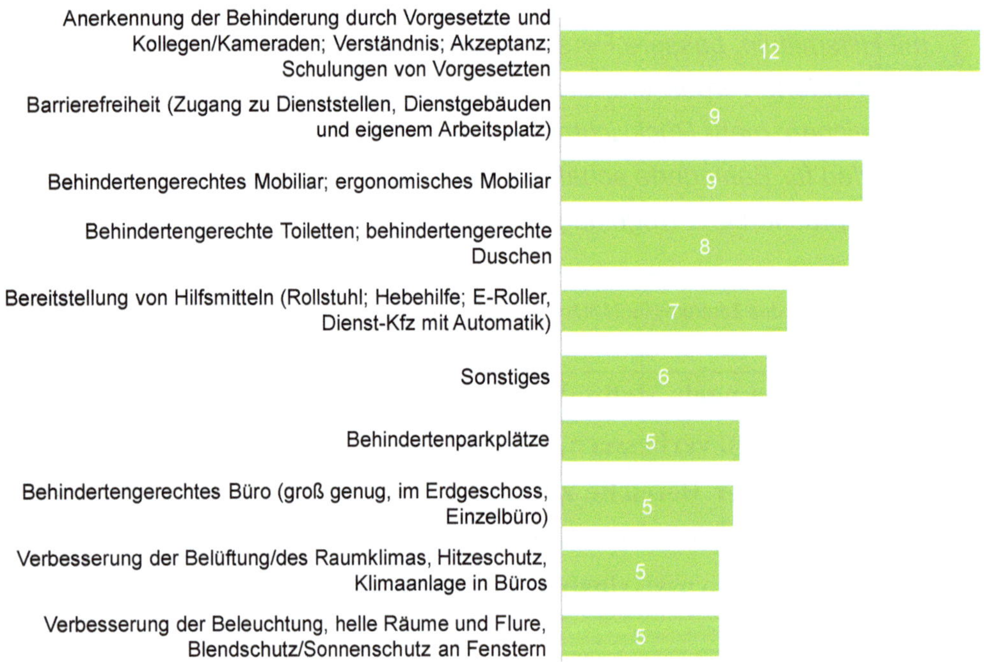

Datenbasis: Inklusionsstudie des Zentrums für Militärgeschichte und Sozialwissenschaften der Bundeswehr 2018.

Weitere Nennungen entfielen außerdem auf flexible Arbeitszeitmodelle, behindertengerechte Technik, Informationsangebote, spezielle Sport- und Bewegungsangebote, Fahrstühle und Ruheräume (jeweils 4 Prozent). Schließlich äußersten Befragte zudem den Wunsch nach Pausen- oder Sozialräumen (3 Prozent) sowie nach automatischen Türen und nach besserem Lärmschutz (jeweils 1 Prozent).

Abbildung 4.8: Weitere gewünschte Maßnahmen zur Verbesserung des Arbeitsalltags – Teil 2

Gibt es weitere Maßnahmen, die umgesetzt werden sollten, um Ihren Arbeitsalltag zu verbessern? Bitte nennen Sie bis zu drei Maßnahmen. (2/2)
(Anteile in Prozent, Mehrfachnennungen möglich, Anzahl Nennungen von Schwerbehinderten/ Gleichgestellten: n = 496)

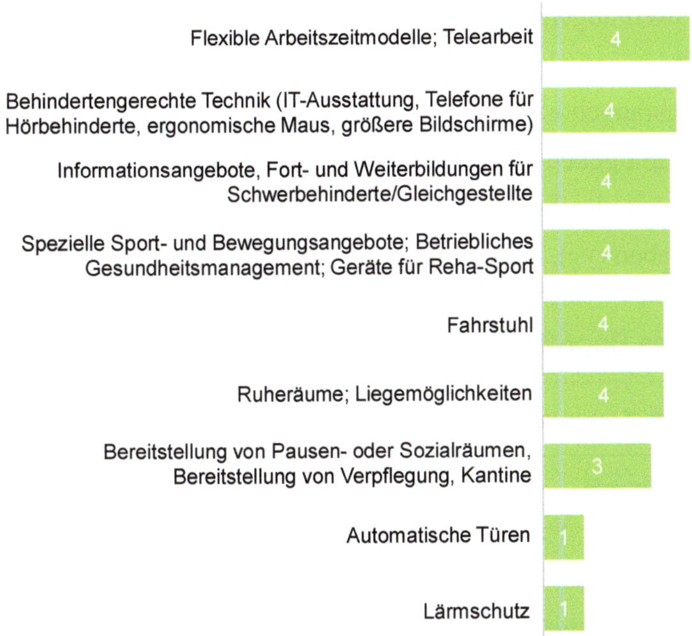

Datenbasis: Inklusionsstudie des Zentrums für Militärgeschichte und Sozialwissenschaften der Bundeswehr 2018.

5 Kenntnis zentraler Begriffe

Die Kenntnis zentraler Begriffe wie Inklusion und Barrierefreiheit dient als erster Hinweis dafür, ob ein generelles Bewusstsein für die Thematik Schwerbehinderung bzw. Gleichstellung unter den Bundeswehrangehörigen vorhanden ist. Entsprechende Fragen zur Bekanntheit der Begriffe wurden sowohl an die schwerbehinderten und diesen gleichgestellten behinderten Bundeswehrangehörigen als auch an die Nichtbehinderten gerichtet. Im Ergebnis zeigt sich: Insgesamt geben 77 Prozent der Nichtbehinderten und 78 Prozent der Schwerbehinderten und diesen gleichgestellten Behinderten an, dass sie den Begriff Inklusion schon einmal gehört haben (vgl. Tabelle 5.1).

Tabelle 5.1: Kenntnis des Begriffs Inklusion

Haben Sie schon einmal den Begriff Inklusion gehört?			
(Angaben in Prozent)	**Ja**	**Nein**	**Weiß nicht/k.A.**
Nichtbehinderte			
Insgesamt (n = 1352)	77	23	(0)
Signifikanztest Militärisch/Zivil ***			
Soldatinnen/Soldaten (n = 957)	75	25	(0)
Mitarbeiterinnen/Mitarbeiter (n = 383)	83	16	(1)
Schwerbehinderte und diesen gleichgestellte Behinderte			
Insgesamt (n = 945)	78	21	(1)
Signifikanztest Militärisch/Zivil ***			
Soldatinnen/Soldaten (n = 95)	94	(6)	(0)
Mitarbeiterinnen/Mitarbeiter (n = 845)	76	22	(2)

Anmerkungen: Chi²-Unabhängigkeits-Test, Signifikanzniveau: *** $p < .001$; ** $p < .01$; * $p < .05$; n.s. = nicht signifikant ($p \geq .05$); Werte in Klammern: $n \leq 50$.

Datenbasis: Inklusionsstudie des Zentrums für Militärgeschichte und Sozialwissenschaften der Bundeswehr 2018.

Die differenzierte Betrachtung nach der militärischen und zivilen Bereichszugehörigkeit ergibt zudem einen interessanten und statistisch signifikanten Befund. Während bei den Nichtbehinderten die Bekanntheit des Inklusionsbegriffs unter den zivilen Beschäftigten größer ist als unter den Soldatinnen und Soldaten (83 bzw. 75 Prozent), kehrt sich dieser Befund bei den Schwerbehinderten und diesen gleichgestellten Behinderten um. In dieser Befragtengruppe geben die Soldatinnen und Soldaten häufiger an, dass sie den Begriff Inklusion schon einmal gehört haben (94 Prozent) als die zivilen Beschäftigten (76 Prozent).

Anschließend wurden die Studienteilnehmerinnen und -teilnehmer gefragt, wie sie ihre Vorstellungen vom Inklusionsbegriff beschreiben würden. Bei den Nichtbehinderten sagen

35 Prozent, rund ein Drittel, dass sie ganz konkrete Vorstellungen haben und auch glauben, dass diese richtig sind (vgl. Abbildung 5.1). Weitere 22 Prozent geben an, dass sie konkrete Vorstellungen haben, aber nicht wissen, ob diese richtig sind. Rund ein Viertel (27 Prozent) der Nichtbehinderten gibt an, dass ein paar allgemeine Vorstellungen bestehen, man aber nichts Genaues weiß und 15 Prozent antworten, dass sie sich unter dem Begriff überhaupt nichts Konkretes vorstellen können.

Abbildung 5.1: Vorstellungen vom Begriff Inklusion

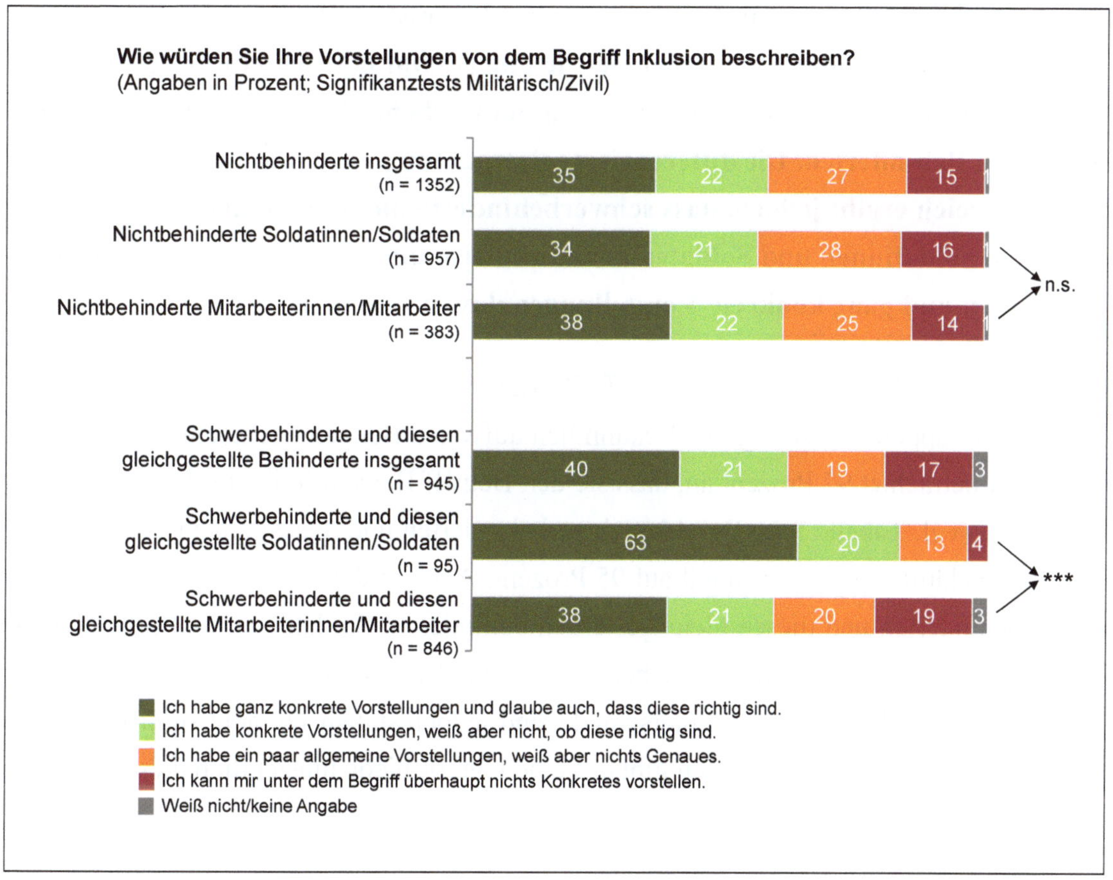

Anmerkungen: Einzelne Prozentangaben ergeben mitunter in der Summe nicht 100 Prozent, da sie gerundet wurden; Chi²-Unabhängigkeits-Test, Signifikanzniveau: *** $p < .001$; ** $p < .01$; * $p < .05$; n.s. = nicht signifikant ($p \geq .05$).

Datenbasis: Inklusionsstudie des Zentrums für Militärgeschichte und Sozialwissenschaften der Bundeswehr 2018.

Die differenzierte Betrachtung nach militärischem und zivilem Bereich zeigt nur geringe und statistisch nicht signifikante Unterschiede. Insgesamt schätzen die zivilen Nichtbehinderten den eigenen Kenntnisstand zum Inklusionsbegriff etwas positiver ein als die nichtbehinderten Soldatinnen und Soldaten.

Der Vergleich der Angaben der Nichtbehinderten mit denen der Schwerbehinderten und diesen gleichgestellten behinderten Menschen zeigt auf, dass der Kenntnisstand zum Inklusionsbegriff bei Letzteren insgesamt etwas positiver ausgeprägt ist. 40 Prozent geben an, dass sie ganz konkrete Vorstellungen haben und auch glauben, dass diese richtig sind. Die differenzierte Betrachtung nach militärischem und zivilem Bereich zeigt unter den Schwerbehinderten und diesen gleichgestellten Behinderten größere und auch statistisch signifikante Unterschiede auf. Analog zur vorherigen Frage geben auch hier die schwerbehinderten und diesen gleichgestellten Soldatinnen und Soldaten häufiger an, dass sie ganz konkrete Vorstellungen vom Inklusionsbegriff haben und auch glauben, dass diese richtig sind (63 Prozent). Bei den zivilen Schwerbehinderten und diesen gleichgestellten Mitarbeiterinnen und Mitarbeitern liegt dieser Anteil bei 38 Prozent.

Die Selbsteinschätzung zur Kenntnis des Inklusionsbegriffs und der damit verbundenen Vorstellungen unterscheidet sich insgesamt betrachtet nur geringfügig zwischen den Nichtbehinderten sowie den Schwerbehinderten und diesen gleichgestellten Behinderten. Die differenzierte Betrachtung nach militärischem und zivilem Bereich ergibt jedoch, dass schwerbehinderte und diesen gleichgestellte behinderte Soldatinnen und Soldaten am häufigsten angeben, den Inklusionsbegriff zu kennen und ganz konkrete Vorstellungen davon zu haben.

Die Frage nach der Kenntnis des Begriffs Barrierefreiheit ergibt, dass dieser in allen betrachteten Gruppen eine sehr große Bekanntheit aufweist. Bei den Nichtbehinderten geben insgesamt betrachtet 97 Prozent an, dass sie den Begriff Barrierefreiheit schon einmal gehört haben (vgl. Tabelle 5.2). Bei den Schwerbehinderten und diesen gleichgestellten Behinderten beläuft sich dieser Anteil auf 95 Prozent. Auch in diesem Fall geben wieder die schwerbehinderten und diesen gleichgestellten behinderten Soldatinnen und Soldaten am häufigsten an, den Begriff Barrierefreiheit schon einmal gehört zu haben (100 Prozent). Die in der Stichprobe beobachteten Unterschiede sind jedoch statistisch nicht signifikant, d.h. mit einer hohen Wahrscheinlichkeit gibt es keine Unterschiede hinsichtlich dieser Frage in der Grundgesamtheit.

Tabelle 5.2: Kenntnis des Begriffs Barrierefreiheit

Haben Sie schon einmal den Begriff Barrierefreiheit gehört?			
(Angaben in Prozent)	Ja	Nein	Weiß nicht/k.A.
Nichtbehinderte			
Insgesamt (n = 1352)	97	(3)	(0)
Signifikanztest Militärisch/Zivil **			
Soldatinnen/Soldaten (n = 957)	97	(3)	(0)
Mitarbeiterinnen/Mitarbeiter (n = 382)	98	(1)	(1)
Schwerbehinderte und diesen gleichgestellte Behinderte			
Insgesamt (n = 945)	95	(2)	(2)
Signifikanztest Militärisch/Zivil $^{n.s.}$			
Soldatinnen/Soldaten (n = 95)	100	(0)	(0)
Mitarbeiterinnen/Mitarbeiter (n = 846)	95	(3)	(2)

Anmerkungen: Einzelne Prozentangaben ergeben mitunter in der Summe nicht 100 Prozent, da sie gerundet wurden; Chi²-Unabhängigkeits-Test, Signifikanzniveau: *** p < .001; ** p < .01; * p < .05; n.s. = nicht signifikant (p ≥ .05); Werte in Klammern: n ≤ 50.

Datenbasis: Inklusionsstudie des Zentrums für Militärgeschichte und Sozialwissenschaften der Bundeswehr 2018.

Die Vorstellungen, die von den Probandinnen und Probanden mit dem Begriff Barrierefreiheit verbunden werden, fallen insgesamt deutlich positiver aus als die Vorstellungen zum Begriff Inklusion, sind jedoch statistisch nicht signifikant. Jeweils rund sieben von zehn (67 bzw. 70 Prozent) der Nichtbehinderten sowie der Schwerbehinderten und diesen gleichgestellten Behinderten geben an, dass sie ganz konkrete Vorstellungen haben und auch glauben, dass diese richtig sind (vgl. Abbildung 5.2). Weitere 21 bzw. 16 Prozent geben an, dass sie konkrete Vorstellungen haben, aber nicht wissen, ob diese richtig sind. Nur wenige Befragte geben an, dass sie lediglich ein paar allgemeine Vorstellungen haben, aber nichts Genaues wissen (jeweils 10 Prozent) oder sich unter dem Begriff Barierefreiheit überhaupt nichts Konkretes vorstellen können (2 bzw. 3 Prozent). Auch in diesem Fall ergibt die differenzierte Betrachtung nach militärischer und ziviler Bereichszugehörigkeit das aus der vorherigen Frage bekannte Bild: die schwerbehinderten und diesen gleichgestellten behinderten Soldatinnen und Soldaten geben am häufigsten an, dass sie ganz konkrete Vorstellungen vom Begriff Barrierefreiheit haben und glauben auch, dass diese richtig sind (76 Prozent).

Abbildung 5.2: Vorstellungen vom Begriff Barrierefreiheit

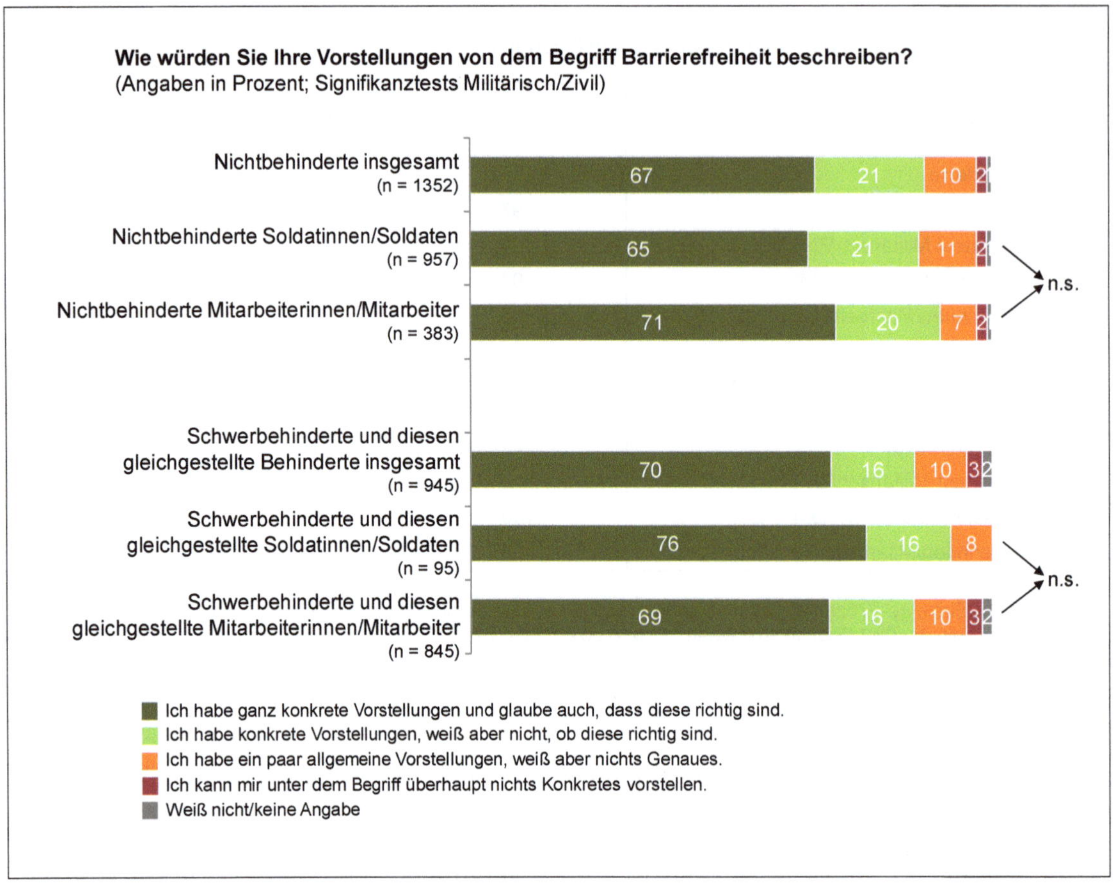

Anmerkungen: Einzelne Prozentangaben ergeben mitunter in der Summe nicht 100 Prozent, da sie gerundet wurden; Chi²-Unabhängigkeits-Test, Signifikanzniveau: *** $p < .001$; ** $p < .01$; * $p < .05$; n.s. = nicht signifikant ($p \geq .05$).

Datenbasis: Inklusionsstudie des Zentrums für Militärgeschichte und Sozialwissenschaften der Bundeswehr 2018.

Die Selbsteinschätzung zur Kenntnis des Begriffs Barrierefreiheit fällt insgesamt betrachtet sehr positiv aus. Die differenzierte Betrachtung nach militärischem und zivilem Bereich zeigt erneut auf, dass schwerbehinderte und diesen gleichgestellte behinderte Soldatinnen und Soldaten am häufigsten angeben, den Begriff der Barrierefreiheit zu kennen und ganz konkrete Vorstellungen davon zu haben.

Die Betrachtung der Bekanntheit zentraler Begriffe zur Thematik Schwerbehinderung bzw. Gleichstellung zeigt, dass der Begriff der Inklusion weniger bekannt ist als der Begriff der Barrierefreiheit. In diesem Fall besteht folglich noch Informationsbedarf, um die Vorstellungen von diesem zentralen Begriff zu schärfen.

6 Wahrnehmung von schwerbehinderten und diesen gleichgestellten behinderten Menschen

Einen weiteren Hinweis zum generellen Bewusstsein für die Thematik der Schwerbehinderung bzw. der Gleichstellung unter den Bundeswehrangehörigen sollen Fragen zur Wahrnehmung von schwerbehinderten und diesen gleichgestellten behinderten Menschen in der eigenen Dienststelle erbringen.

Zunächst wurde zu diesem Zweck erfragt, ob es in der eigenen Dienststelle schwerbehinderte und diesen gleichgestellte zivile Mitarbeiterinnen und Mitarbeiter bzw. Soldatinnen und Soldaten gibt. Insgesamt bejahen 54 Prozent der Nichtbehinderten in der Bundeswehr diese Frage, 15 Prozent verneinen und 31 Prozent geben an, dass ihnen dies nicht bekannt ist (vgl. Tabelle 6.1).

Tabelle 6.1: Kenntnis über schwerbehinderte und diesen gleichgestellte behinderte Kameradinnen/Kameraden bzw. Mitarbeiterinnen/ Mitarbeiter in der eigenen Dienststelle

Gibt es in Ihrer Dienststelle schwerbehinderte/gleichgestellte zivile Mitarbeiterinnen bzw. Mitarbeiter oder Soldatinnen bzw. Soldaten?				
(Angaben in Prozent)	**Ja**	**Nein**	**Ist mir nicht bekannt**	**Keine Angabe**
Nichtbehinderte				
Insgesamt (n = 1352)	54	15	31	(0)
Signifikanztest Militärisch/Zivil ***				
Soldatinnen/Soldaten (n = 957)	43	18	39	(0)
Mitarbeiterinnen/Mitarbeiter (n = 383)	82	(7)	(11)	(0)
Schwerbehinderte und diesen gleichgestellte Behinderte				
Insgesamt (n = 945)	96	(1)	(3)	(0)
Signifikanztest Militärisch/Zivil n.s.				
Soldatinnen/Soldaten (n = 95)	98	(0)	(2)	(0)
Mitarbeiterinnen/Mitarbeiter (n = 846)	96	(1)	(3)	(0)

Anmerkungen: Einzelne Prozentangaben ergeben mitunter in der Summe nicht 100 Prozent, da sie gerundet wurden; Chi²-Unabhängigkeits-Test, Signifikanzniveau: *** $p < .001$; ** $p < .01$; * $p < .05$; n.s. = nicht signifikant ($p \geq .05$); Werte in Klammern: $n \leq 50$.

Datenbasis: Inklusionsstudie des Zentrums für Militärgeschichte und Sozialwissenschaften der Bundeswehr 2018.

Die Unterscheidung nach militärischem und zivilem Bereich verdeutlicht, dass die zivilen Nichtbehinderten statistisch signifikant häufiger von schwerbehinderten und diesen gleichgestellten zivilen Mitarbeiterinnen und Mitarbeitern oder Soldatinnen und Soldaten in der eigenen Dienststelle berichten (82 Prozent) als die nichtbehinderten Soldatinnen und Soldaten (43 Prozent). Auch der Anteil der „Unwissenden“ ist unter den nichtbehinderten zivilen Mitarbeiterinnen und Mitarbeitern geringer als unter den nichtbehinderten Soldatinnen und Soldaten (11 bzw. 39 Prozent). Dieses Ergebnis ist plausibel, da die zu Beginn dargestellten Strukturdaten der schwerbehinderten und diesen gleichgestellten behinderten Bundeswehrangehörigen belegen, dass 90 Prozent der schwerbehinderten und diesen gleichgestellten behinderten Menschen in der Bundeswehr im zivilen Bereich tätig sind. Die schwerbehinderten und diesen gleichgestellten behinderten Menschen geben insgesamt zu 96 Prozent an, dass es in der eigenen Dienststelle schwerbehinderte und diesen gleichgestellte zivile Mitarbeiterinnen und Mitarbeiter oder Soldatinnen und Soldaten gibt. Aufgrund der Frageformulierung bleibt jedoch unklar, ob es sich dabei um die Wahrnehmung anderer Schwerbehinderter oder diesen gleichgestellten Behinderter in der eigenen Dienststelle handelt oder ob die Befragten sich selbst benennen.[7] Der in der Stichprobe beobachtete Unterschied zwischen den militärischen und zivilen Schwerbehinderten und diesen Gleichgestellten erwies sich zudem als statistisch nicht signifikant.

Anschließend wurde gefragt, ob in der eigenen Dienststelle schwerbehinderte und diesen gleichgestellte zivile Mitarbeiterinnen und Mitarbeiter bzw. Soldatinnen und Soldaten in Vorgesetztenfunktion tätig sind. Bei den Nichtbehinderten zeigt sich ein recht hoher Anteil an Personen, die hierüber keine Kenntnisse haben. 51 Prozent der nichtbehinderten Soldatinnen und Soldaten und 48 Prozent der nichtbehinderten zivilen Beschäftigten wissen nicht, ob es in ihrer Dienststelle schwerbehinderte und diesen gleichgestellte Behinderte in Vorgesetztenfunktion gibt (vgl. Tabelle 6.2).

---

[7] Bei einer Folgestudie sollte die Formulierung der Frage im Fragebogen der behinderten Bundeswehrangehörigen leicht variiert werden, um Missverständnissen seitens der Befragten vorzubeugen: Gibt es in Ihrer Dienststelle weitere schwerbehinderte/gleichgestellte zivile Mitarbeiterinnen bzw. Mitarbeiter oder Soldatinnen bzw. Soldaten?

Tabelle 6.2: Kenntnis über Schwerbehinderte und diesen gleichgestellte Behinderte in Vorgesetztenfunktion in der eigenen Dienststelle

Sind in Ihrer Dienststelle schwerbehinderte/gleichgestellte zivile Mitarbeiterinnen bzw. Mitarbeiter oder Soldatinnen bzw. Soldaten in Vorgesetztenfunktion tätig?				
(Angaben in Prozent)	**Ja**	**Nein**	**Ist mir nicht bekannt**	**Keine Angabe**
Nichtbehinderte				
Insgesamt (n = 1352)	18	31	50	(1)
Signifikanztest Militärisch/Zivil ***				
Soldatinnen/Soldaten (n = 956)	12	36	51	(1)
Mitarbeiterinnen/Mitarbeiter (n = 382)	31	21	48	(1)
Schwerbehinderte und diesen gleichgestellte Behinderte				
Insgesamt (n = 945)	42	13	45	(1)
Signifikanztest Militärisch/Zivil **				
Soldatinnen/Soldaten (n = 94)	61	(13)	(27)	(0)
Mitarbeiterinnen/Mitarbeiter (n = 845)	40	13	47	(0)

Anmerkungen: Einzelne Prozentangaben ergeben mitunter in der Summe nicht 100 Prozent, da sie gerundet wurden; Chi²-Unabhängigkeits-Test, Signifikanzniveau: *** $p < .001$; ** $p < .01$; * $p < .05$; n.s. = nicht signifikant ($p \geq .05$); Werte in Klammern: $n \leq 50$.

Datenbasis: Inklusionsstudie des Zentrums für Militärgeschichte und Sozialwissenschaften der Bundeswehr 2018.

Werden Schwerbehinderte und diesen gleichgestellte Behinderte in einer Vorgesetztenfunktion wahrgenommen, dann statistisch signifikant eher im zivilen Bereich. 31 Prozent der nichtbehinderten zivilen Mitarbeiterinnen und Mitarbeiter bejahen die Frage nach schwerbehinderten und diesen gleichgestellten behinderten Vorgesetzten. Bei den nichtbehinderten Soldatinnen und Soldaten liegt dieser Anteil bei lediglich 12 Prozent. Bei den Schwerbehinderten und diesen gleichgestellten Behinderten ist der Anteil der Personen, die keine Kenntnis über eine mögliche Behinderung ihrer Vorgesetzten haben, mit 45 Prozent recht hoch. Insgesamt bejahen 42 Prozent dieser Befragtengruppe, dass es in der eigenen Dienststelle Schwerbehinderte und diesen gleichgestellte Behinderte in Vorgesetztenfunktion gibt. Die Detailbetrachtung nach militärischem und zivilem Bereich führt zu einem interessanten Befund: Obwohl der überwiegende Anteil der Schwerbehinderten und diesen gleichgestellten Behinderten im zivilen Bereich tätig ist, werden Schwerbehinderte und diesen gleichgestellte Behinderte in Vorgesetztenfunktion von den Soldatinnen und Soldaten statistisch signifikant stärker wahrgenommen (61 Prozent) als von den zivilen Mitarbeiterinnen und Mitarbeitern. Dieses Ergebnis lässt sich durch die Sozialstruktur der Schwerbehinderten und diesen gleichgestellten Behinderten erklären, die sich in diesem Punkt im militärischen und zivilen Bereich deutlich unterscheidet (vgl. Tabelle 4.1): Während der Großteil der schwerbehinderten und diesen gleichgestellten behinderten Soldatinnen und Soldaten Unteroffiziere m.P. (54 Prozent) und Offiziere (39 Prozent) sind, ist der Großteil der schwerbehinderten und diesen gleichgestellten behinderten zivilen Mitarbeiterinnen und Mitarbeiter den Entgeltgruppen 5 bis 8 (50 Prozent) und 1 bis 4 (23 Prozent) zuzuordnen.

Die Wahrnehmung Schwerbehinderter und diesen gleichgestellter Behinderter in Vorgesetztenfunktion ist unter den Nichtbehinderten gering. Schwerbehinderte Soldatinnen und Soldaten berichten häufiger von Schwerbehinderten und diesen gleichgestellten Behinderten in Vorgesetztenfunktion als zivile Mitarbeiterinnen und Mitarbeiter.

Schließlich wurde erfragt, ob es in der eigenen Dienststelle eine Schwerbehindertenvertretung gibt (vgl. Tabelle 6.3). Der Gesetzeslage nach sollte es in allen Dienststellen, in denen mindestens fünf Schwerbehinderte und diesen gleichgestellte Behinderte nicht nur vorübergehend beschäftigt sind, eine Schwerbehindertenvertretung geben. Die Belange von schwerbehinderten und diesen gleichgestellten behinderten Beschäftigten in kleineren Dienststellen können dabei nötigenfalls von der Schwerbehindertenvertretung einer größeren Dienststelle mitvertreten werden. Insgesamt betrachtet bejaht jeder zweite Nichtbehinderte (49 Prozent), dass es eine Schwerbehindertenvertretung in der eigenen Dienststelle gibt. Allerdings geben auch 42 Prozent der Nichtbehinderten an, dass ihnen dies nicht bekannt ist. Die differenzierte Betrachtung nach militärischer und ziviler Bereichszugehörigkeit verdeutlicht statistisch signifikant, dass den nichtbehinderten zivilen Mitarbeiterinnen und Mitarbeitern wesentlich häufiger bekannt ist, ob eine Schwerbehindertenvertretung in der eigenen Dienststelle besteht als den nichtbehinderten Soldatinnen und Soldaten (84 bzw. 35 Prozent).

Tabelle 6.3: Kenntnis über Schwerbehindertenvertretung in der eigenen Dienststelle

Gibt es in Ihrer Dienststelle eine Schwerbehindertenvertretung?				
(Angaben in Prozent)	**Ja**	**Nein**	**Ist mir nicht bekannt**	**Keine Angabe**
Nichtbehinderte				
Insgesamt (n = 1352)	49	8	42	(1)
Signifikanztest Militärisch/Zivil ***				
Soldatinnen/Soldaten (n = 958)	35	10	54	(1)
Mitarbeiterinnen/Mitarbeiter (n = 383)	84	(3)	(13)	(1)
Schwerbehinderte und diesen gleichgestellte Behinderte				
Insgesamt (n = 945)	92	(4)	(2)	(1)
Signifikanztest Militärisch/Zivil ***				
Soldatinnen/Soldaten (n = 95)	78	(16)	(5)	(1)
Mitarbeiterinnen/Mitarbeiter (n = 847)	94	(3)	(2)	(1)

Anmerkungen: Einzelne Prozentangaben ergeben mitunter in der Summe nicht 100 Prozent, da sie gerundet wurden; Chi²-Unabhängigkeits-Test, Signifikanzniveau: *** $p < .001$; ** $p < .01$; * $p < .05$; n.s. = nicht signifikant ($p \geq .05$); Werte in Klammern: $n \leq 50$.

Datenbasis: Inklusionsstudie des Zentrums für Militärgeschichte und Sozialwissenschaften der Bundeswehr 2018.

In der Gruppe der Schwerbehinderten zeigt sich eine deutlich größere Bekanntheit der dienststelleneigenen Schwerbehindertenvertretung. Mehr als neun von zehn schwerbehinderten und diesen gleichgestellten behinderten Menschen (92 Prozent) haben Kenntnis von der für ihre eigene Dienststelle zuständigen Schwerbehindertenvertretung. Die differenzierte Betrachtung nach militärischem und zivilem Bereich zeigt statistisch signifikant, dass dieser Anteil bei den schwerbehinderten und diesen gleichgestellten behinderten zivilen Mitarbeiterinnen und Mitarbeitern größer ist als bei den schwerbehinderten und diesen gleichgestellten behinderten Soldatinnen und Soldaten (94 bzw. 78 Prozent).

Die Frage, ob es in der eigenen Dienststelle eine Schwerbehindertenvertretung gibt, kann von den Nichtbehinderten deutlich seltener beantwortet werden als von den Schwerbehinderten und diesen gleichgestellten Behinderten.

7 Erfahrungen in der Zusammenarbeit mit schwerbehinderten und diesen gleichgestellten behinderten Menschen

Für die Beurteilung des aktuellen Inklusionsklimas in der Bundeswehr sind die Erfahrungen relevant, die in der Zusammenarbeit zwischen nichtbehinderten und schwerbehinderten und diesen gleichgestellten behinderten Menschen gemacht werden.

Deshalb wurden sowohl die nichtbehinderten als auch die schwerbehinderten und diesen gleichgestellten behinderten Menschen zunächst danach gefragt, ob sie schon mit schwerbehinderten und diesen gleichgestellten zivilen Beschäftigten bzw. Soldatinnen und Soldaten zusammengearbeitet haben. In der Gruppe der Nichtbehinderten antworten 9 Prozent, dass sie bereits in Vorgesetztenfunktion mit Schwerbehinderten und diesen gleichgestellten Behinderten zusammengearbeitet haben, 33 Prozent als Kollegin bzw. Kollege oder Kameradin bzw. Kamerad und 4 Prozent bereits in Untergebenenfunktion (vgl. Abbildung 7.1). Weitere 45 Prozent verneinen die Frage nach einer aktuellen oder vergangenen Zusammenarbeit mit Schwerbehinderten und diesen gleichgestellten Behinderten und 13 Prozent geben an, dass sie nicht wissen, ob sie bei ihrer Arbeit in der Bundeswehr bereits mit schwerbehinderten und diesen gleichgestellten behinderten Menschen zu tun hatten. In der Gruppe der Schwerbehinderten und diesen gleichgestellten Behinderten geben 11 Prozent an, bereits in Vorgesetztenfunktion, 67 Prozent als Kollegin bzw. Kollege oder Kameradin bzw. Kamerad und 8 Prozent bereits in Untergebenenfunktion mit Schwerbehinderten und diesen gleichgestellten Behinderten zusammengearbeitet zu haben. 11 Prozent verneinen die Frage nach einer Zusammenarbeit mit Schwerbehinderten und diesen gleichgestellten Behinderten und 10 Prozent geben an, dass sie nicht wissen, ob sie bereits mit schwerbehinderten und diesen gleichgestellten behinderten Menschen in der Bundeswehr zusammengearbeitet haben.

Abbildung 7.1: Zusammenarbeit von nichtbehinderten und schwerbehinderten sowie diesen gleichgestellten behinderten Menschen

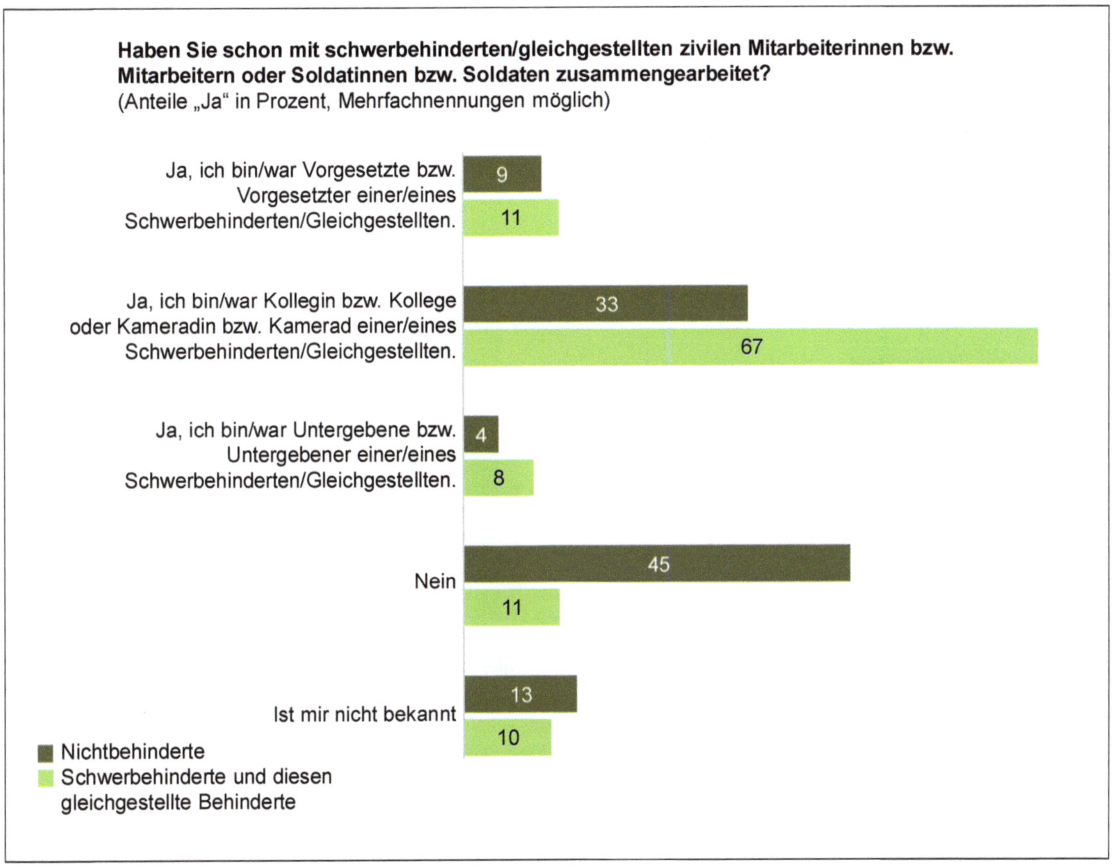

Datenbasis: Inklusionsstudie des Zentrums für Militärgeschichte und Sozialwissenschaften der Bundeswehr 2018.

Nichtbehinderte berichten am ehesten, dass sie bislang noch überhaupt nicht oder lediglich als Kollegin bzw. Kollege oder Kameradin bzw. Kamerad mit Schwerbehinderten und diesen gleichgestellten Behinderten zusammengearbeitet haben. Schwerbehinderte und diesen gleichgestellte Behinderte berichten häufiger von der Zusammenarbeit mit anderen Schwerbehinderten und diesen gleichgestellten Behinderten, größtenteils im Kollegen- bzw. Kameradenkreis.

Im Anschluss daran wurden diejenigen Probandinnen und Probanden, die angaben, bereits mit schwerbehinderten und diesen gleichgestellten behinderten Menschen zusammengearbeitet zu haben, gefragt, welche Erfahrungen sie dabei gemacht haben (vgl. Abbildung 7.2). Sowohl die Nichtbehinderten als auch die Schwerbehinderten und diesen gleichgestellten Behinderten geben mehrheitlich an, dass die Erfahrungen der Zusammenarbeit positiv waren (78 bzw. 74 Prozent). Jeweils rund ein Fünftel beschreibt die Erfahrungen der Zusammenarbeit mit Schwerbehinderten und diesen gleichgestellten Behinderten teils positiv, teils negativ (18 bzw. 20 Prozent) und nur wenige Befragte berichten von negativen Erfahrungen (jeweils 3 Prozent).

Abbildung 7.2: Erfahrungen im Umgang mit schwerbehinderten/ gleichgestellten Zivilbeschäftigten oder Soldatinnen und Soldaten

Wie sind bzw. waren Ihre Erfahrungen im Umgang mit schwerbehinderten/gleichgestellten zivilen Mitarbeiterinnen bzw. Mitarbeitern oder Soldatinnen bzw. Soldaten?
(Angaben in Prozent; Signifikanztest Nichtbehindert/Behindert n.s.)

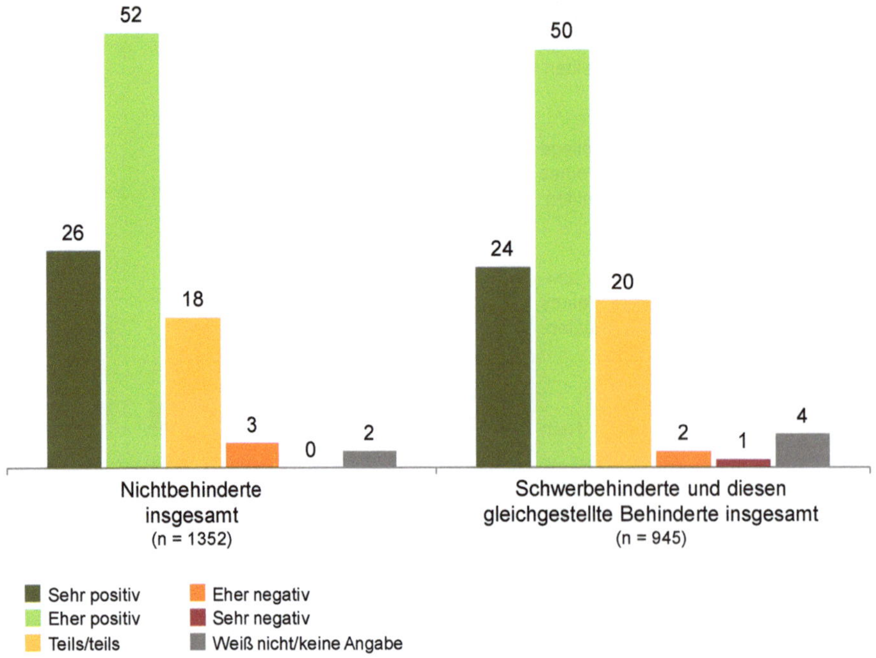

Anmerkungen: Einzelne Prozentangaben ergeben mitunter in der Summe nicht 100 Prozent, da sie gerundet wurden; T-Test bei unabhängigen Stichproben, Signifikanzniveau: *** p < .001; ** p < .01; * p < .05; n.s. = nicht signifikant (p ≥ .05).

Datenbasis: Inklusionsstudie des Zentrums für Militärgeschichte und Sozialwissenschaften der Bundeswehr 2018.

Die Erfahrungen im Umgang mit schwerbehinderten und diesen gleichgestellten zivilen Mitarbeiterinnen und Mitarbeitern bzw. Soldatinnen und Soldaten werden mehrheitlich positiv beschrieben – sowohl von den befragten Nichtbehinderten als auch den befragten Schwerbehinderten und diesen gleichgestellten Behinderten.

Auf die Frage, ob es generelle Leistungsunterschiede zwischen den Beschäftigten mit anerkannter Behinderung und denen ohne gibt, antworten die Nichtbehinderten insgesamt mehrheitlich zustimmend (51 Prozent) (vgl. Abbildung 7.3). Die differenzierte Betrachtung nach Bereich verdeutlicht zudem, dass dieser Anteil unter den nichtbehinderten Soldatinnen und Soldaten deutlich stärker vertreten ist als unter den nichtbehinderten zivilen Mitarbeiterinnen und Mitarbeitern (57 bzw. 37 Prozent). Die nichtbehinderten zivilen Beschäftigten sprechen sich sogar mehrheitlich dafür aus (60 Prozent), dass es keine generellen Leistungsunterschiede zwischen den Beschäftigten mit anerkannter Behinderung und denen ohne gibt. In der befragten Gruppe der Schwerbehinderten und diesen gleichgestellten

Behinderten sind rund zwei Drittel (65 Prozent) der Ansicht, dass keine generellen Leistungsunterschiede bestehen. Ein Drittel (34 Prozent) der Schwerbehinderten und diesen gleichgestellten Behinderten ist hingegen der Meinung, dass es generelle Leistungsunterschiede gibt.

Abbildung 7.3: Wahrnehmung von Leistungsunterschieden

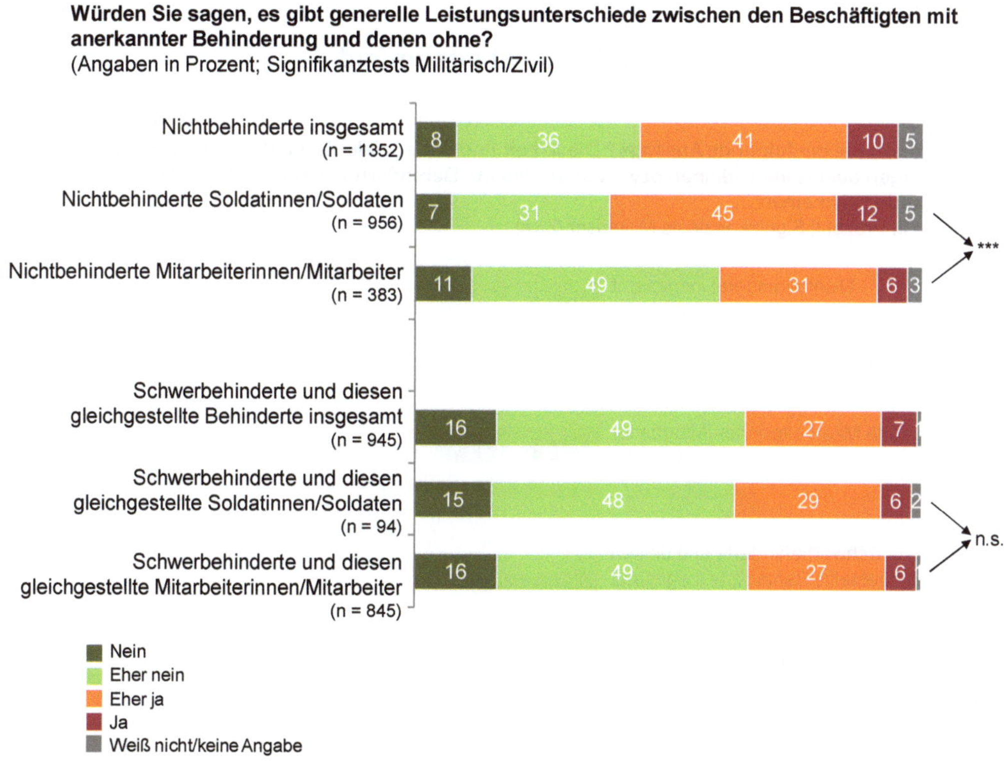

Anmerkungen: Einzelne Prozentangaben ergeben mitunter in der Summe nicht 100 Prozent, da sie gerundet wurden; Chi²-Unabhängigkeits-Test, Signifikanzniveau: *** $p < .001$; ** $p < .01$; * $p < .05$; n.s. = nicht signifikant ($p \geq .05$).

Datenbasis: Inklusionsstudie des Zentrums für Militärgeschichte und Sozialwissenschaften der Bundeswehr 2018.

Hinsichtlich der Wahrnehmung genereller Leistungsunterschiede zwischen den Beschäftigten mit anerkannter Behinderung und denen ohne zeigt sich, dass insbesondere nichtbehinderte Soldatinnen und Soldaten Leistungsunterschiede vermuten. Nichtbehinderte Zivilbeschäftigte und die Schwerbehinderten und diesen gleichgestellten Behinderten selbst verneinen dies hingegen mehrheitlich.

Anschließend sollten die Befragten noch eine Einschätzung darüber abgeben, wie sich die Arbeit und der soziale Kontakt mit den schwerbehinderten und diesen gleichgestellten Kolleginnen und Kollegen bzw. Kameradinnen und Kameraden auf das Arbeitsumfeld in der Bundeswehr auswirkt (vgl. Abbildung 7.4). Es zeigt sich für alle betrachteten Gruppen ein recht gleichförmiges Ergebnis: Rund zwei Drittel der Befragten geben an, dass es weder einen positiven noch einen negativen Einfluss gibt, und rund ein Drittel schätzt die Auswirkungen auf das Arbeitsumfeld positiv ein.

Abbildung 7.4: Auswirkungen auf das Arbeitsumfeld

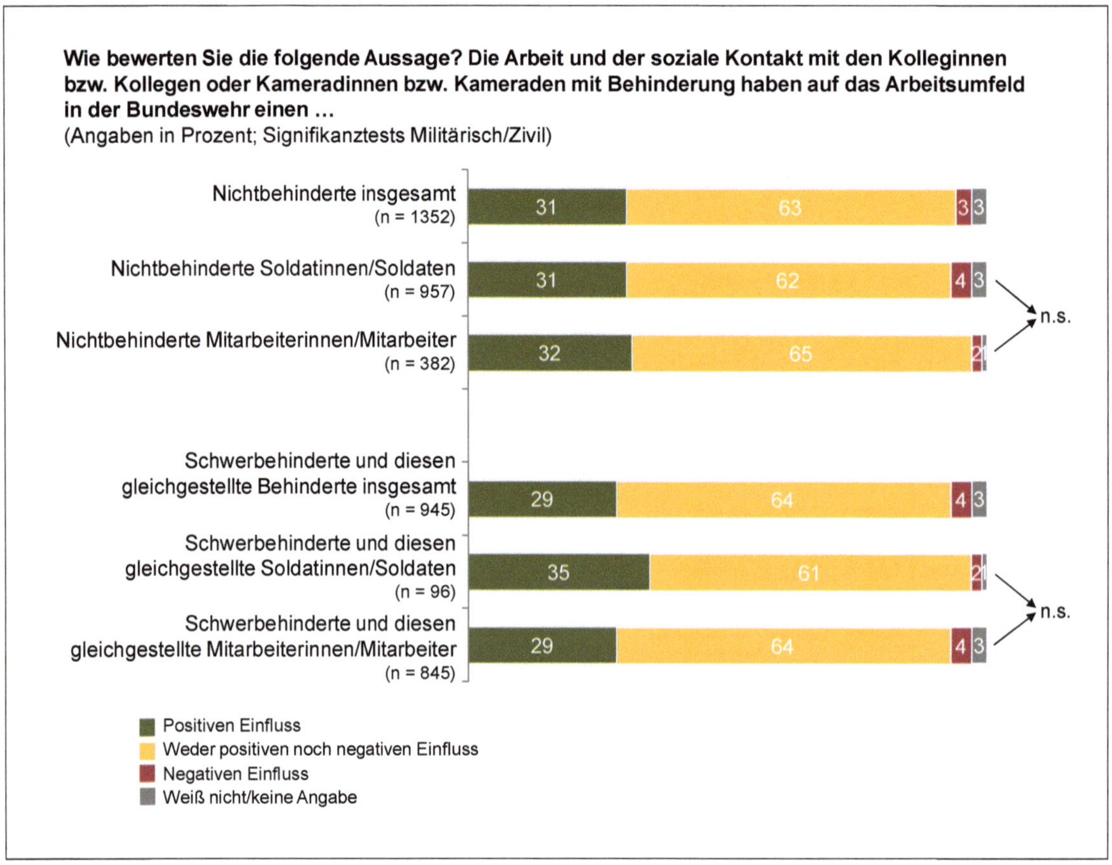

Anmerkungen: Einzelne Prozentangaben ergeben mitunter in der Summe nicht 100 Prozent, da sie gerundet wurden; Chi²-Unabhängigkeits-Test, Signifikanzniveau: *** $p < .001$; ** $p < .01$; * $p < .05$; n.s. = nicht signifikant ($p \geq .05$).

Datenbasis: Inklusionsstudie des Zentrums für Militärgeschichte und Sozialwissenschaften der Bundeswehr 2018.

8 Arbeitsplatzbedingungen

In diesem Abschnitt werden die Ergebnisse unterschiedlicher Fragen dargestellt, die sich auf die Arbeitsplatzbedingungen der Nichtbehinderten und der Schwerbehinderten und diesen gleichgestellten Behinderten beziehen.

In puncto Arbeitszeitgestaltung geben Schwerbehinderte und diesen gleichgestellte Behinderte häufiger an (56 Prozent), Einfluss auf die Gestaltung ihrer Arbeitszeit zu haben als Nichtbehinderte (49 Prozent) (vgl. Tabelle 8.1). Beide Befragtengruppen geben zudem mehrheitlich an, dass sie ihre Arbeit selbstständig planen und einteilen können (Nichtbehinderte: 59 Prozent; Schwerbehinderte und diesen gleichgestellte Behinderte: 61 Prozent). Weiterqualifikationsmöglichkeiten werden von den Schwerbehinderten und diesen gleichgestellten Behinderten weniger positiv gewertet als von den Nichtbehinderten (55 bzw. 63 Prozent). Zudem geben nur wenige Schwerbehinderte und diesen gleichgestellte Behinderte an, dass sie Aufstiegschancen in ihrer Dienststelle haben (16 Prozent), im Unterschied zu 36 Prozent der Nichtbehinderten. Items, die das tägliche Miteinander mit Vorgesetzten sowie Kolleginnen und Kollegen bzw. Kameradinnen und Kameraden in den Blick rücken, werden von den Nichtbehinderten durchweg positiver bewertet als von den Schwerbehinderten und diesen gleichgestellten Behinderten. Von persönlicher Wertschätzung durch den Vorgesetzten bzw. die Vorgesetzte berichten 64 Prozent der Nichtbehinderten, bei den schwerbehinderten und ihnen gleichgestellten behinderten Beschäftigten sind es 56 Prozent. Unterstützung durch Kolleginnen und Kollegen bzw. Kameradinnen und Kameraden erleben nach eigener Aussage 86 Prozent der Nichtbehinderten, aber nur 78 Prozent der schwerbehinderten und ihnen gleichgestellten behinderten Menschen. Ebenfalls seltener herrscht aus Sicht der Schwerbehinderten und diesen gleichgestellten Behinderten in ihrer Dienststelle ein Meinungsklima, in dem sich jeder traut, Probleme auch gegenüber Vorgesetzten offen auszusprechen (44 bzw. 50 Prozent). Auch die Förderung von Kollegialität und Kameradschaft in der eigenen Dienststelle erleben Schwerbehinderte und diesen gleichgestellte Behinderte seltener als Nichtbehinderte (44 bzw. 56 Prozent).

Tabelle 8.1: Arbeitsplatzbedingungen von Nichtbehinderten im Vergleich zu Schwerbehinderten und diesen gleichgestellten Behinderten – Teil 1

Sagen Sie uns bitte, wie es Ihnen an Ihrem Arbeitsplatz ergeht.					
(Angaben in Prozent)	**In sehr hohem Maß**	**In hohem Maß**	**In geringem Maß**	**Gar nicht**	**Weiß nicht/k.A.**
Haben Sie Einfluss auf die Gestaltung Ihrer Arbeitszeit?					
Signifikanztest Nichtbehindert/Behindert n.s.					
Nichtbehinderte (n = 1352)	18	31	31	20	(1)
Schwerbehinderte und diesen gleichgestellte Behinderte (n = 945)	22	34	26	16	(2)
Können Sie Ihre Arbeit selbstständig planen und einteilen?					
Signifikanztest Nichtbehindert/Behindert n.s.					
Nichtbehinderte (n = 1352)	21	38	29	11	(2)
Schwerbehinderte und diesen gleichgestellte Behinderte (n = 945)	26	35	29	7	(2)
Ermöglicht Ihnen Ihre Dienststelle Weiterqualifikationen?					
Signifikanztest Nichtbehindert/Behindert ***					
Nichtbehinderte (n = 1352)	23	40	28	8	(2)
Schwerbehinderte und diesen gleichgestellte Behinderte (n = 945)	23	32	29	13	(4)
Haben Sie in Ihrer Dienststelle Aufstiegschancen?					
Signifikanztest Nichtbehindert/Behindert ***					
Nichtbehinderte (n = 1352)	13	23	32	29	(3)
Schwerbehinderte und diesen gleichgestellte Behinderte (n = 945)	5	11	34	45	(4)
Bringt Ihnen Ihre Vorgesetzte oder Ihr Vorgesetzter persönlich Wertschätzung entgegen?					
Signifikanztest Nichtbehindert/Behindert *					
Nichtbehinderte (n = 1352)	22	42	25	9	(3)
Schwerbehinderte und diesen gleichgestellte Behinderte (n = 945)	21	35	25	16	(2)
Erhalten Sie Hilfe und Unterstützung von Ihren Kolleginnen bzw. Kollegen oder Kameradinnen bzw. Kameraden, wenn Sie diese benötigen?					
Signifikanztest Nichtbehindert/Behindert ***					
Nichtbehinderte (n = 1352)	45	41	11	(0)	(2)
Schwerbehinderte und diesen gleichgestellte Behinderte (n = 945)	36	42	17	(4)	(1)

(Angaben in Prozent)	In sehr hohem Maß	In hohem Maß	In geringem Maß	Gar nicht	Weiß nicht/k.A.
Erleben Sie in Ihrer Dienststelle ein Meinungsklima, in dem sich jeder traut, Probleme auch gegenüber Vorgesetzten offen auszusprechen?					
Signifikanztest Nichtbehindert/Behindert ***					
Nichtbehinderte (n = 1352)	15	35	35	13	(2)
Schwerbehinderte und diesen gleichgestellte Behinderte (n = 945)	11	33	38	16	(3)
Wird in Ihrer Dienststelle Kollegialität bzw. Kameradschaft gefördert?					
Signifikanztest Nichtbehindert/Behindert ***					
Nichtbehinderte (n = 1352)	18	38	35	7	(2)
Schwerbehinderte und diesen gleichgestellte Behinderte (n = 945)	11	33	40	12	(3)
Haben Sie den Eindruck, dass Sie mit Ihrer Arbeit einen wichtigen Beitrag für die Gesellschaft leisten?					
Signifikanztest Nichtbehindert/Behindert ***					
Nichtbehinderte (n = 1352)	16	35	33	15	(2)
Schwerbehinderte und diesen gleichgestellte Behinderte (n = 945)	20	42	28	8	(3)
Haben Sie den Eindruck, dass Sie mit Ihrer Arbeit einen wichtigen Beitrag für Ihre Dienststelle leisten?					
Signifikanztest Nichtbehindert/Behindert n.s.					
Nichtbehinderte (n = 1352)	30	44	19	5	(2)
Schwerbehinderte und diesen gleichgestellte Behinderte (n = 945)	25	50	18	(5)	(2)
Inwieweit identifizieren Sie sich mit Ihrer Arbeit?					
Signifikanztest Nichtbehindert/Behindert n.s.					
Nichtbehinderte (n = 1352)	39	40	14	5	(2)
Schwerbehinderte und diesen gleichgestellte Behinderte (n = 945)	38	41	14	(5)	(3)

Anmerkungen: Einzelne Prozentangaben ergeben mitunter in der Summe nicht 100 Prozent, da sie gerundet wurden; Werte in Klammern: $n \leq 50$; T-Test bei unabhängigen Stichproben, Signifikanzniveau: *** $p < .001$; ** $p < .01$; * $p < .05$; n.s. = nicht signifikant ($p \geq .05$).

Datenbasis: Inklusionsstudie des Zentrums für Militärgeschichte und Sozialwissenschaften der Bundeswehr 2018.

Trotzdem sind 62 Prozent der Schwerbehinderten und diesen gleichgestellten Behinderten im Unterschied zu 51 Prozent der Nichtbehinderten der Ansicht, dass sie mit ihrer Arbeit einen wichtigen Beitrag für die Gesellschaft leisten. Jeweils drei Viertel beider Befragtengruppen geben zudem an, dass sie einen wichtigen Beitrag für ihre Dienststelle leisten und weisen eine hohe Identifikation mit ihrer Arbeit auf (jeweils 79 Prozent).

In manchen Bereichen beurteilen Schwerbehinderte und diesen gleichgestellte Behinderte ihre Arbeitsplatzsituation positiver als Nichtbehinderte (etwa Aspekte der Arbeitszeitgestaltung). In anderen Bereichen bewerten sie ihre Arbeitsplatzsituation negativer als die Nichtbehinderten (insbesondere Möglichkeiten der Weiterqualifikation und Aufstiegschancen, aber auch die Wertschätzung durch Vorgesetzte, die Möglichkeit, Probleme auch gegenüber Vorgesetzten offen auszusprechen sowie Aspekte der Kollegialität bzw. Kameradschaft).

Mit der Folgefrage wurden weitere Arbeitsplatzbedingungen benannt und die Probandinnen und Probanden sollten angeben, wie häufig sie solche Erfahrungen in ihrem Arbeitsalltag bereits gemacht haben.

Als positives Ergebnis kann festgehalten werden, dass sich der Großteil der Nichtbehinderten sowie der Schwerbehinderten und diesen gleichgestellten Behinderten nur selten oder nie im Dienst von Kollegen, Kameraden oder Vorgesetzten herablassend oder respektlos behandelt fühlt (vgl. Tabelle 8.2). Jeweils rund ein Drittel der Befragten gibt jedoch an, dass ihr Dienst sehr häufig oder oft verlangt, eigene Gefühle zu verbergen (Nichtbehinderte: 31 Prozent; Schwerbehinderte und diesen gleichgestellte Behinderte: 35 Prozent). Widrigen Umgebungsbedingungen am Arbeitsplatz (z.B. Kälte, Hitze, Zugluft) fühlen sich jeweils vier von zehn Probandinnen und Probanden beider Befragtengruppen sehr häufig oder oft ausgesetzt (Nichtbehinderte: 43 Prozent; Schwerbehinderte und diesen gleichgestellte Behinderte: 41 Prozent). Von Lärm oder lauten Umgebungsgeräuschen, dem sie sehr häufig oder oft am Arbeitsplatz ausgesetzt sind, berichten Nichtbehinderte häufiger (47 Prozent) als Schwerbehinderte und diesen gleichgestellte Behinderte (36 Prozent). Unter Zeitdruck, den sie sehr häufig oder oft empfinden, stehen 47 Prozent der nichtbehinderten und 36 Prozent der schwerbehinderten und ihnen gleichgestellten behinderten Menschen in der Bundeswehr. Mit verschiedenen Anforderungen bei der Arbeit, die nur schwer miteinander zu vereinbaren sind, müssen sich 39 Prozent der Nichtbehinderten und 32 Prozent der Schwerbehinderten und diesen gleichgestellten Behinderten sehr häufig oder oft auseinandersetzen. Von Qualitätseinbußen, die sehr häufig oder oft in Kauf genommen werden müssen, um das Arbeitspensum zu schaffen, berichten 26 Prozent der Nichtbehinderten und 20 Prozent der Schwerbehinderten und diesen gleichgestellten Behinderten.

Der überwiegende Teil aller befragten Bundeswehrangehörigen fühlt sich im Dienst weder von Vorgesetzten noch von Kameradinnen und Kameraden bzw. Kolleginnen und Kollegen respektlos behandelt. Häufiger bemängelt werden hingegen widrige Umweltbedingungen am Arbeitsplatz und Zeitdruck.

Tabelle 8.2: Arbeitsplatzbedingungen von Nichtbehinderten im Vergleich zu Schwerbehinderten und diesen gleichgestellten Behinderten – Teil 2

Wie häufig machen Sie die folgenden Erfahrungen?					
(Angaben in Prozent)	**Sehr häufig**	**Oft**	**Selten**	**Nie**	**Weiß nicht/k.A.**
Wie häufig werden Sie bei Ihrem Dienst von Kolleginnen bzw. Kollegen oder Kameradinnen bzw. Kameraden herablassend oder respektlos behandelt?					
Signifikanztest Nichtbehindert/Behindert **					
Nichtbehinderte (n = 1352)	(2)	7	42	47	(2)
Schwerbehinderte und diesen gleichgestellte Behinderte (n = 945)	(3)	7	42	46	(3)
Wie häufig werden Sie bei Ihrem Dienst von Vorgesetzten herablassend bzw. respektlos behandelt?					
Signifikanztest Nichtbehindert/Behindert *					
Nichtbehinderte (n = 1352)	(2)	7	38	51	(2)
Schwerbehinderte und diesen gleichgestellte Behinderte (n = 945)	(3)	9	35	51	(2)
Wie häufig verlangt es Ihr Dienst von Ihnen, dass Sie Ihre Gefühle verbergen?					
Signifikanztest Nichtbehindert/Behindert n.s.					
Nichtbehinderte (n = 1352)	9	22	40	25	(2)
Schwerbehinderte und diesen gleichgestellte Behinderte (n = 945)	11	24	32	30	(3)
Wie häufig kommt es vor, dass Sie an Ihrem Arbeitsplatz widrigen Umgebungsbedingungen (z.B. Kälte, Hitze, Zugluft) ausgesetzt sind?					
Signifikanztest Nichtbehindert/Behindert *					
Nichtbehinderte (n = 1352)	15	28	39	17	(2)
Schwerbehinderte und diesen gleichgestellte Behinderte (n = 945)	15	26	37	19	(2)

(Angaben in Prozent)	Sehr häufig	Oft	Selten	Nie	Weiß nicht/k.A.
Wie häufig kommt es vor, dass Sie an Ihrem Arbeitsplatz Lärm oder lauten Umgebungsgeräuschen ausgesetzt sind?					
Signifikanztest Nichtbehindert/Behindert ***					
Nichtbehinderte (n = 1352)	19	28	37	14	(2)
Schwerbehinderte und diesen gleichgestellte Behinderte (n = 945)	15	21	44	17	(2)
Wie häufig fühlen Sie sich bei der Arbeit gehetzt oder stehen unter Zeitdruck?					
Signifikanztest Nichtbehindert/Behindert ***					
Nichtbehinderte (n = 1352)	13	34	44	7	(2)
Schwerbehinderte und diesen gleichgestellte Behinderte (n = 945)	11	25	50	12	(2)
Wie häufig werden bei der Arbeit verschiedene Anforderungen an Sie gestellt, die schwer miteinander zu vereinbaren sind?					
Signifikanztest Nichtbehindert/Behindert ***					
Nichtbehinderte (n = 1352)	10	29	49	10	(2)
Schwerbehinderte und diesen gleichgestellte Behinderte (n = 945)	8	24	50	16	(3)
Wie häufig kommt es vor, dass Sie Abstriche bei der Qualität Ihrer Arbeit machen müssen, um Ihr Arbeitspensum zu schaffen?					
Signifikanztest Nichtbehindert/Behindert ***					
Nichtbehinderte (n = 1352)	6	20	47	25	(3)
Schwerbehinderte und diesen gleichgestellte Behinderte (n = 945)	(4)	16	47	31	(2)

Anmerkungen: Einzelne Prozentangaben ergeben mitunter in der Summe nicht 100 Prozent, da sie gerundet wurden; Werte in Klammern: $n \leq 50$; T-Test bei unabhängigen Stichproben, Signifikanzniveau: *** $p < .001$; ** $p < .01$; * $p < .05$; n.s. = nicht signifikant ($p \geq .05$).

Datenbasis: Inklusionsstudie des Zentrums für Militärgeschichte und Sozialwissenschaften der Bundeswehr 2018.

Neben den vorangehend beschriebenen Arbeitsplatzbedingungen ist für die Arbeitszufriedenheit von großer Bedeutung, dass Beschäftigte entsprechend ihrer jeweiligen Qualifikationen eingesetzt werden und sich nicht ständig unter- oder überfordert fühlen. Deshalb wurde sowohl den Nichtbehinderten als auch den Schwerbehinderten und diesen gleichgestellten Behinderten in der Bundeswehr die Frage gestellt, ob sie sich entsprechend ihrer Qualifikation eingesetzt fühlen.

Die vergleichende Betrachtung dieser Frage zeigt ein recht übereinstimmendes Meinungsbild (vgl. Abbildung 8.1). Jeweils sechs von zehn der Nichtbehinderten (62 Prozent) und der Schwerbehinderten und diesen gleichgestellten Behinderten (64 Prozent) geben an, dass sie in der Bundeswehr entsprechend ihrer Qualifikationen eingesetzt werden. 23 Prozent der nichtbehinderten und 18 Prozent der schwerbehinderten und diesen gleichgestellten behinderten Menschen antworten auf die Frage, dass sie teilweise entsprechend ihrer

Qualifikationen eingesetzt werden. Nur ein geringer Teil ist der Ansicht, dass er in der Bundeswehr nicht entsprechend seiner Qualifikationen eingesetzt wird (Nichtbehinderte: 13 Prozent; Schwerbehinderte und diesen gleichgestellte Behinderte: 14 Prozent).

Rund zwei Drittel der befragten Bundeswehrangehörigen – nichtbehinderte ebenso wie schwerbehinderte und diesen gleichgestellte behinderte Menschen – fühlen sich in der Bundeswehr entsprechend ihrer Qualifikationen eingesetzt.

Abbildung 8.1: Einsatz entsprechend individueller Qualifikationen

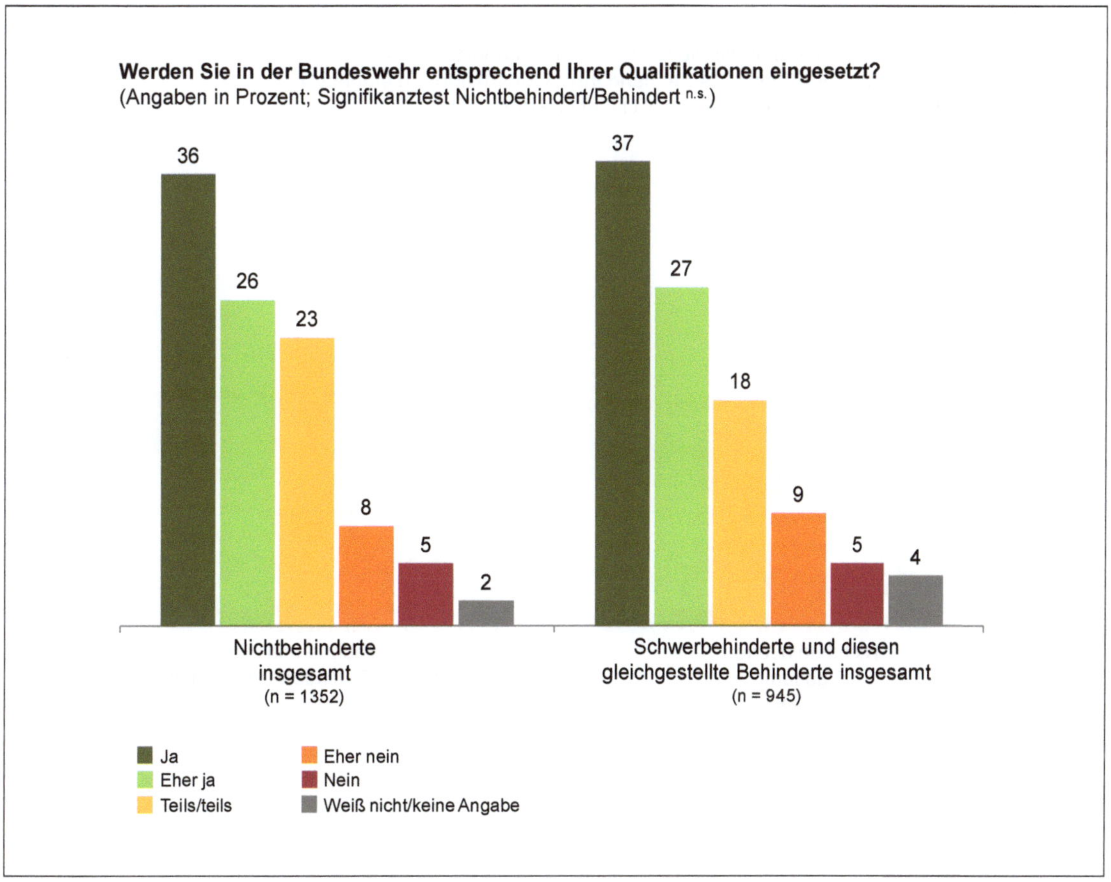

Anmerkung: T-Test bei unabhängigen Stichproben, Signifikanzniveau: *** $p < .001$; ** $p < .01$; * $p < .05$; n.s. = nicht signifikant ($p \geq .05$).

Datenbasis: Inklusionsstudie des Zentrums für Militärgeschichte und Sozialwissenschaften der Bundeswehr 2018.

Im Anschluss sollten die Befragten eine Einschätzung darüber abgeben, ob ihrer Wahrnehmung nach die meisten Schwerbehinderten und diesen gleichgestellten Behinderten in der Bundeswehr entsprechend ihrer Qualifikationen eingesetzt werden. Es zeigt sich ein interessanter Befund: Obwohl fast zwei Drittel der Nichtbehinderten sowie der Schwerbehinderten und diesen gleichgestellten Behinderten sich selbst entsprechend der eigenen Qualifikation eingesetzt fühlen (vgl. Abbildung 8.1), glauben jeweils deutlich weniger Befragte, dass dies auch für die meisten anderen Schwerbehinderten und diesen gleichgestellten Behinderten in der Bundeswehr gilt (Nichtbehinderte: 49 Prozent; Schwerbehinderte und diesen gleichgestellte Behinderte: 42 Prozent; vgl. Abbildung 8.2). Anteilszuwächse zeigen sich im Vergleich zur vorherigen Frage insbesondere in der Mittelkategorie „teils/teils“ und geringfügig in der Antwortkategorie „eher nein“.

Abbildung 8.2: Wahrnehmung des Einsatzes der meisten Schwerbehinderten und diesen gleichgestellten Behinderten

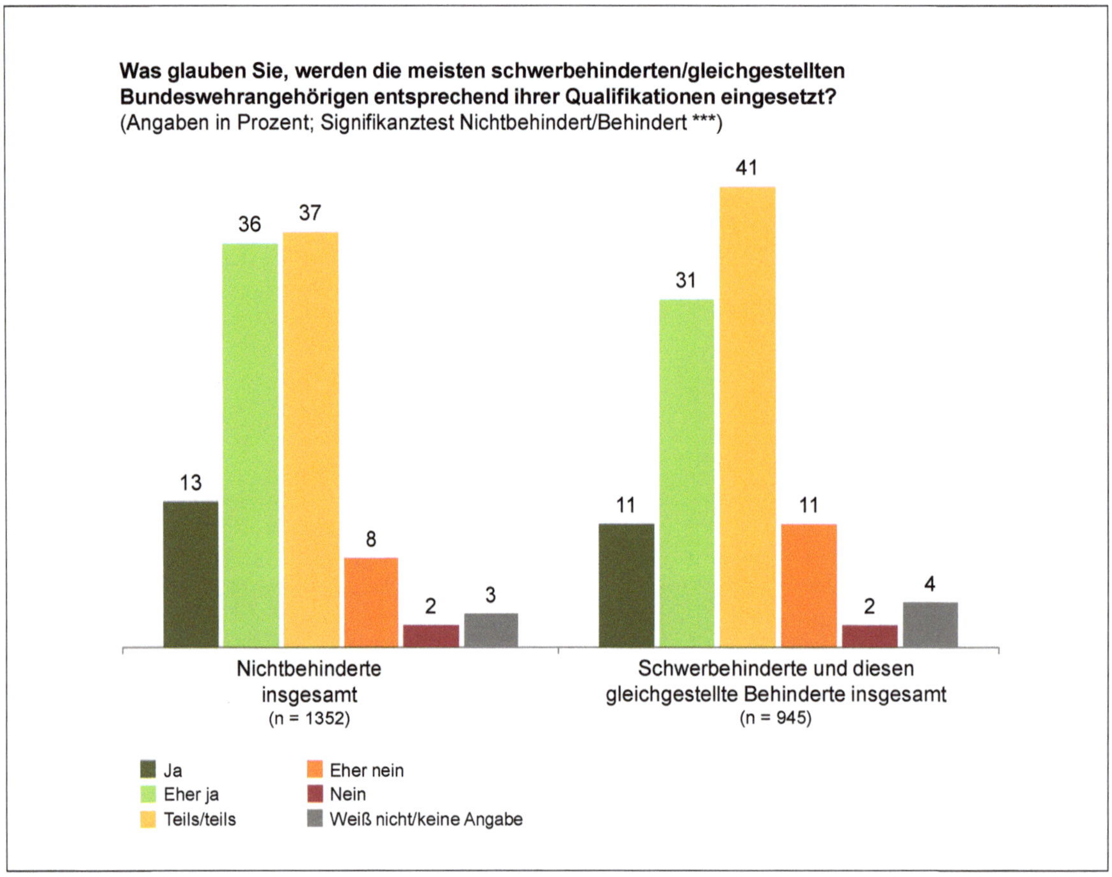

Anmerkungen: Einzelne Prozentangaben ergeben mitunter in der Summe nicht 100 Prozent, da sie gerundet wurden; T-Test bei unabhängigen Stichproben, Signifikanzniveau: *** $p < .001$; ** $p < .01$; * $p < .05$; n.s. = nicht signifikant ($p \geq .05$).

Datenbasis: Inklusionsstudie des Zentrums für Militärgeschichte und Sozialwissenschaften der Bundeswehr 2018.

Der generelle qualifikationsgerechte Einsatz von Schwerbehinderten und diesen gleichgestellten Behinderten in der Bundeswehr wird von beiden Befragtengruppen als eher unwahrscheinlich eingeschätzt.

9 Aufstiegschancen und dienstliche Beurteilungen

Der Aktionsplan zur Umsetzung der UN-Behindertenrechtskonvention im Geschäftsbereich des BMVg fordert: „Die Arbeitskultur ist weiter zu modifizieren, um behinderten Menschen nicht nur einen Arbeitsplatz, sondern auch bessere Karrierechancen zu eröffnen" (vgl. Bundesministerium der Verteidigung 2014: 24). Daraus wurde im Rahmen der vorliegenden Studie auch eine Frage abgeleitet.

Die Ergebnisse der befragten Nichtbehinderten zeigen: Insgesamt sechs von zehn Befragten (60 Prozent) sind der Ansicht, dass die Entwicklungsmöglichkeiten und Aufstiegschancen für Schwerbehinderte und diesen gleichgestellte Behinderte in der Bundeswehr gut sind (davon 4 Prozent: sehr gut und 56 Prozent: eher gut) (vgl. Abbildung 9.1). Ein weiteres Drittel (33 Prozent) der Nichtbehinderten schätzt die Entwicklungs- und Aufstiegsmöglichkeiten für Schwerbehinderte und diesen gleichgestellte Behinderte als eher schlecht ein, lediglich 1 Prozent ist der Ansicht, dass die Bedingungen sehr schlecht sind und 5 Prozent der befragten Nichtbehinderten können oder möchten dazu keine Aussage treffen. Betrachtet man diese Frage anschließend noch differenziert nach militärischem und zivilem Bereich, dann zeigt sich, dass die nichtbehinderten zivilen Beschäftigten die Entwicklungsmöglichkeiten und Aufstiegschancen der Schwerbehinderten und diesen gleichgestellten Behinderten statistisch signifikant positiver einschätzen als die nichtbehinderten Soldatinnen und Soldaten. 69 Prozent der nichtbehinderten zivilen Beschäftigten schätzen die Entwicklungsmöglichkeiten und Aufstiegschancen für Schwerbehinderte und diesen gleichgestellte Behinderte als gut ein, bei den nichtbehinderten Soldatinnen und Soldaten sind dies nur 57 Prozent.

Nichtbehinderte schätzen die Entwicklungsmöglichkeiten und Aufstiegschancen für Schwerbehinderte und diesen gleichgestellte Behinderte überwiegend positiv ein.

Abbildung 9.1: Einschätzung der Aufstiegschancen für Schwerbehinderte und diesen gleichgestellte Behinderte – durch Nichtbehinderte

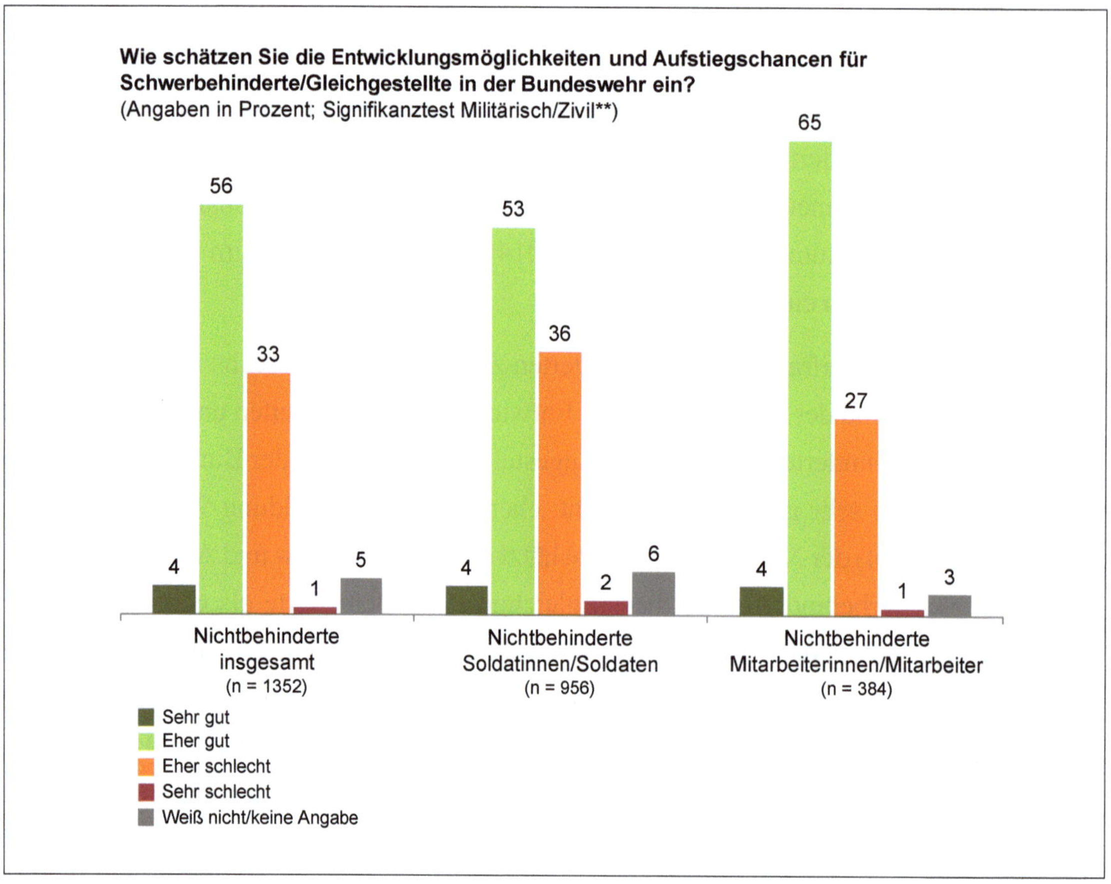

Anmerkungen: Einzelne Prozentangaben ergeben mitunter in der Summe nicht 100 Prozent, da sie gerundet wurden; Chi²-Unabhängigkeits-Test, Signifikanzniveau: *** $p < .001$; ** $p < .01$; * $p < .05$; n.s. = nicht signifikant ($p \geq .05$).

Datenbasis: Inklusionsstudie des Zentrums für Militärgeschichte und Sozialwissenschaften der Bundeswehr 2018.

Die Antworten der befragten Schwerbehinderten und diesen gleichgestellten Behinderten auf diese Frage verdeutlichen, dass die Entwicklungsmöglichkeiten und Aufstiegschancen insgesamt betrachtet weniger positiv bewertet werden (vgl. Abbildung 9.2): Nur knapp jeder Zweite (49 Prozent) schätzt die Entwicklungsmöglichkeiten und Aufstiegschancen für schwerbehinderte und diesen gleichgestellte behinderte Menschen in der Bundeswehr als gut ein (davon 3 Prozent: sehr gut und 46 Prozent: eher gut). Die differenzierte Betrachtung nach militärischem und zivilem Bereich verdeutlicht, dass die schwerbehinderten und diesen gleichgestellten behinderten Soldatinnen und Soldaten die Entwicklungsmöglichkeiten und Aufstiegschancen in der Bundeswehr statistisch signifikant negativer einschätzen als die schwerbehinderten und diesen gleichgestellten behinderten Zivilbeschäftigten. Bei den schwerbehinderten und diesen gleichgestellten behinderten Soldatinnen und Soldaten schätzen nur drei von zehn (29 Prozent) die Entwicklungs- und Aufstiegsmöglichkeiten von Schwerbehinderten und diesen gleichgestellten Behinderten in der Bundeswehr als gut ein, mehr als zwei Drittel (68 Prozent) schätzen diese Möglichkeiten als schlecht ein. Bei den zivilen schwerbehinderten und diesen gleichgestellten Behinderten schätzt hingegen jeder Zweite (51 Prozent) die Entwicklungsmöglichkeiten und Aufstiegschancen als gut ein, während 43 Prozent der Ansicht sind, dass diese Chancen und Möglichkeiten schlecht sind.

Abbildung 9.2: Einschätzung Aufstiegschancen für Schwerbehinderte und diesen gleichgestellte Behinderte – durch Schwerbehinderte und diesen gleichgestellte Behinderte

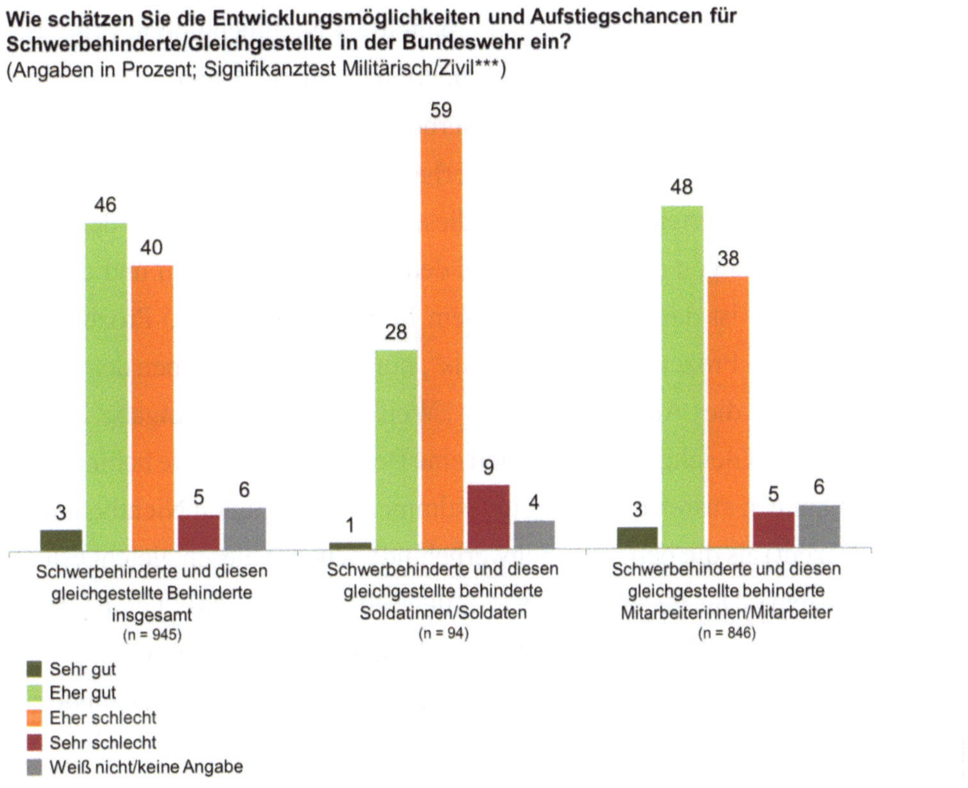

Anmerkungen: Einzelne Prozentangaben ergeben mitunter in der Summe nicht 100 Prozent, da sie gerundet wurden; Chi²-Unabhängigkeits-Test, Signifikanzniveau: *** $p < .001$; ** $p < .01$; * $p < .05$; n.s. = nicht signifikant ($p \geq .05$).

Datenbasis: Inklusionsstudie des Zentrums für Militärgeschichte und Sozialwissenschaften der Bundeswehr 2018.

Hinsichtlich der Entwicklungsmöglichkeiten und Aufstiegschancen zeigt sich bei den schwerbehinderten und diesen gleichgestellten Behinderten ein beachtlicher Unterschied zwischen dem militärischen und zivilen Bereich. Die große Mehrheit der schwerbehinderten und diesen gleichgestellten behinderten Soldatinnen und Soldaten geht von schlechten Entwicklungs- und Aufstiegschancen für schwerbehinderte und diesen gleichgestellte behinderte Menschen in der Bundeswehr aus.

Im Handlungsfeld „Arbeitsleben" sieht der Aktionsplan des BMVg vor, dass die Bundeswehrangehörigen von ihren Vorgesetzten dienstliche Beurteilungen erhalten sollen, die durch eine Behinderung bedingte Einschränkungen angemessen berücksichtigen (vgl. Bundesministerium der Verteidigung 2014: 27). Aus diesem Grund wurde auch in der vorliegenden Studie eine Frage gestellt, die Auskunft über die Wahrnehmungen der Nichtbehinderten und Schwerbehinderten und diesen gleichgestellten Behinderten bezüglich der Beurteilungen von Schwerbehinderten und diesen gleichgestellten Behinderten geben soll.

Die Ergebnisse zeigen: 50 Prozent der Nichtbehinderten sind davon überzeugt, dass schwerbehinderte und diesen gleichgestellte behinderte Menschen keine besseren Ergebnisse in ihren dienstlichen Beurteilungen erhalten als Nichtbehinderte (vgl. Tabelle 9.1). Rund ein Viertel (26 Prozent) der Nichtbehinderten wählt die Antwortkategorie „teils/teils" und 11 Prozent sind der Ansicht, dass Schwerbehinderte und diesen gleichgestellte Behinderte in Beurteilungen bessere Ergebnisse erhalten als Nichtbehinderte. Ein recht großer Anteil der Nichtbehinderten zeigt sich bei dieser Frage zudem nicht in der Lage, zu einer Einschätzung zu gelangen (13 Prozent). Bei den Schwerbehinderten und diesen gleichgestellten Behinderten ist das Votum zu diesem Item eindeutiger: 75 Prozent stimmen der Aussage nicht zu, 16 Prozent sagen „teils/teils", nur 2 Prozent stimmen der Aussage zu und 7 Prozent wählend die Antwortkategorie „Weiß nicht/keine Angabe". Der Aussage „Schwerbehinderte/Gleichgestellte erhalten eine Beurteilung, die ihre behinderungsbedingten Einschränkungen ausreichend würdigt" stimmen die befragten Nichtbehinderten häufiger zu (37 Prozent) als die befragten Schwerbehinderten und diesen gleichgestellten Behinderten (22 Prozent). Der gegensätzlich formulierten Aussage, dass behinderungsbedingte Einschränkungen im Rahmen von Beurteilungen nicht ausreichend gewürdigt werden, wird entsprechend von den Schwerbehinderten und diesen gleichgestellten Behinderten häufiger zugestimmt (22 Prozent) als von den Nichtbehinderten (7 Prozent).

Tabelle 9.1: Beurteilung von Schwerbehinderten und diesen gleichgestellten Behinderten

Wie ist jeweils Ihre Meinung zu den folgenden Aussagen?				
(Angaben in Prozent)	**Stimme zu[1]**	**Teils/teils**	**Stimme nicht zu[2]**	**Weiß nicht/k.A.**
Schwerbehinderte/Gleichgestellte erhalten in Beurteilungen bessere Ergebnisse als Nichtbehinderte.				
Signifikanztest Nichtbehindert/Behindert ***				
Nichtbehinderte (n = 1352)	11	26	50	13
Schwerbehinderte und diesen gleichgestellte Behinderte (n = 945)	(2)	16	75	7
Schwerbehinderte/Gleichgestellte erhalten eine Beurteilung, die ihre behinderungsbedingten Einschränkungen ausreichend würdigt.				
Signifikanztest Nichtbehindert/Behindert ***				
Nichtbehinderte (n = 1352)	37	35	11	17
Schwerbehinderte und diesen gleichgestellte Behinderte (n = 945)	22	36	32	10
Schwerbehinderte/Gleichgestellte erhalten eine Beurteilung, die ihre behinderungsbedingten Einschränkungen nicht ausreichend würdigt.				
Signifikanztest Nichtbehindert/Behindert ***				
Nichtbehinderte (n = 1352)	7	32	42	19
Schwerbehinderte und diesen gleichgestellte Behinderte (n = 945)	22	31	34	13
Schwerbehinderte/Gleichgestellte erhalten in Beurteilungen schlechtere Ergebnisse als Nichtbehinderte.				
Signifikanztest Nichtbehindert/Behindert ***				
Nichtbehinderte (n = 1352)	6	19	57	18
Schwerbehinderte und diesen gleichgestellte Behinderte (n = 945)	13	25	50	12

Anmerkungen: Einzelne Prozentangaben ergeben mitunter in der Summe nicht 100 Prozent, da sie gerundet wurden; 1) Die Antwortvorgaben „stimme voll und ganz zu" und „stimme eher zu" werden zusammengefasst dargestellt; 2) Die Antwortvorgaben „stimme überhaupt nicht zu" und „stimme eher nicht zu" werden zusammengefasst dargestellt; Werte in Klammern: $n \leq 50$; T-Test bei unabhängigen Stichproben, Signifikanzniveau: *** $p < .001$; ** $p < .01$; * $p < .05$; n.s. = nicht signifikant ($p \geq .05$).

Datenbasis: Inklusionsstudie des Zentrums für Militärgeschichte und Sozialwissenschaften der Bundeswehr 2018.

Die Aussage, dass Schwerbehinderte und diesen gleichgestellte Behinderte in Beurteilungen schlechtere Ergebnisse erhalten als Nichtbehinderte, wird jeweils mehrheitlich abgelehnt (57 bzw. 50 Prozent). Die Schwerbehinderten und diesen gleichgestellten Behinderten stimmen dieser Aussage im Vergleich rund doppelt so häufig zu (13 bzw. 6 Prozent).

Die Mehrheit beider Befragtengruppen glaubt, dass Schwerbehinderte und diesen gleichgestellte Behinderte in Beurteilungen weder bessere noch schlechtere Ergebnisse erhalten als Nichtbehinderte. Beide Gruppen stimmen aber stärker der Aussage zu, dass Schwerbehinderte und diesen gleichgestellte Behinderte eine Beurteilung erhalten, die ihre behinderungsbedingten Einschränkungen nicht ausreichend würdigt.

10 Einstellungen zum Thema Inklusion in der Bundeswehr

In diesem Abschnitt erfolgt eine Auswertung der unterschiedlichen Fragen, die einen Eindruck von dem aktuellen Inklusionsklima, das in der Bundeswehr vorherrscht, verschaffen sollen.

Jeweils rund sieben von zehn Befragten aus beiden Gruppen lehnen die Aussage ab, dass Schwerbehinderte und diesen gleichgestellte Behinderte mit der Forderung nach Inklusion eigentlich nur persönliche Vorteile erlangen wollen (73 bzw. 71 Prozent) (vgl. Tabelle 10.1). Bei der Frage, ob Schwerbehinderte und diesen gleichgestellte Behinderte in unserer Gesellschaft gleichbehandelt werden, zeigen die Ergebnisse, dass nur wenige dieser Aussage zustimmen (15 bzw. 12 Prozent). Am häufigsten wird diese Aussage abgelehnt (45 bzw. 46 Prozent) oder die relativierende Antwortkategorie „teils/teils" gewählt (39 bzw. 38 Prozent). Ein positives Bild zeichnen demgegenüber die Reaktionen auf die Aussage, dass Schwerbehinderte und diesen gleichgestellte Behinderte in der Bundeswehr gleichbehandelt werden: Diese Aussage wird nur von einer Minderheit abgelehnt (21 bzw. 24 Prozent). Jeweils vier von zehn Befragten stimmen dieser Aussage zu (39 bzw. 38 Prozent) oder wählen die Mittelkategorie „teils/teils" (jeweils 35 Prozent). Jeweils rund drei Viertel der Befragten glauben zudem nicht, dass Schwerbehinderte und diesen gleichgestellte Behinderte übertreiben, wenn es um Probleme bei der Arbeit geht (64 bzw. 67 Prozent). Die Möglichkeiten, für Schwerbehinderte und diesen gleichgestellte Behinderte etwas zu erreichen, werden von den Studienteilnehmerinnen und -teilnehmern innerhalb der Bundeswehr positiver eingeschätzt (32 bzw. 38 Prozent) als in der Gesellschaft allgemein (19 bzw. 23 Prozent). Sehr deutlich und positiv fällt auch die Beurteilung der Aussage aus, dass man kein Problem damit hätte, wenn der eigene Vorgesetzte schwerbehindert oder gleichgestellt wäre. 77 Prozent der Nichtbehinderten und 93 Prozent der Schwerbehinderten und diesen gleichgestellten Behinderten stimmen dieser Aussage zu. Ebenso deutlich fällt das Votum zu der Aussage aus, dass Schwerbehinderte und diesen gleichgestellte Behinderte weniger motiviert sind als Nichtbehinderte. Jeweils 8 von 10 Befragten verneinen diese Aussage (81 bzw. 82 Prozent).

Tabelle 10.1: Aspekte der Chancengerechtigkeit von Schwerbehinderten und diesen gleichgestellten Behinderten

Wie ist jeweils Ihre Meinung zu den folgenden Aussagen?				
(Angaben in Prozent)	**Stimme zu**[1]	**Teils/teils**	**Stimme nicht zu**[2]	**Weiß nicht/k.A.**
Mit der Forderung nach Inklusion wollen Schwerbehinderte/Gleichgestellte eigentlich nur persönliche Vorteile erlangen.				
Signifikanztest Nichtbehindert/Behindert n.s.				
Nichtbehinderte (n = 1352)	6	18	73	(3)
Schwerbehinderte und diesen gleichgestellte Behinderte (n = 945)	6	14	71	10
In unserer <u>Gesellschaft</u> werden Schwerbehinderte/Gleichgestellte und Nichtbehinderte gleichbehandelt.				
Signifikanztest Nichtbehindert/Behindert **				
Nichtbehinderte (n = 1352)	15	39	45	(1)
Schwerbehinderte und diesen gleichgestellte Behinderte (n = 945)	12	38	46	(4)
In der <u>Bundeswehr</u> werden Schwerbehinderte/Gleichgestellte und Nichtbehinderte gleichbehandelt.				
Signifikanztest Nichtbehindert/Behindert ***				
Nichtbehinderte (n = 1352)	39	35	21	5
Schwerbehinderte und diesen gleichgestellte Behinderte (n = 945)	38	35	24	(4)
Wenn es um Probleme bei der Arbeit geht, übertreiben Schwerbehinderte/Gleichgestellte oft.				
Signifikanztest Nichtbehindert/Behindert n.s.				
Nichtbehinderte (n = 1352)	8	23	64	6
Schwerbehinderte und diesen gleichgestellte Behinderte	5	24	67	(4)
In unserer <u>Gesellschaft</u> haben Schwerbehinderte/Gleichgestellte und Nichtbehinderte dieselben Möglichkeiten, etwas zu erreichen.				
Signifikanztest Nichtbehindert/Behindert n.s.				
Nichtbehinderte (n = 1352)	19	31	48	(2)
Schwerbehinderte und diesen gleichgestellte Behinderte (n = 945)	23	33	42	(2)
In der <u>Bundeswehr</u> haben Schwerbehinderte/Gleichgestellte und Nichtbehinderte dieselben Möglichkeiten, etwas zu erreichen.				
Signifikanztest Nichtbehindert/Behindert n.s.				
Nichtbehinderte (n = 1352)	32	33	32	(3)
Schwerbehinderte und diesen gleichgestellte Behinderte (n = 945)	38	33	26	(3)
Es würde mir nichts ausmachen, einen Schwerbehinderten/Gleichgestellten zur bzw. zum Vorgesetzten zu haben.				
Signifikanztest Nichtbehindert/Behindert ***				
Nichtbehinderte (n = 1352)	77	14	9	(1)
Schwerbehinderte und diesen gleichgestellte Behinderte (n = 945)	93	(4)	(1)	(1)

Wie ist jeweils Ihre Meinung zu den folgenden Aussagen?				
(Angaben in Prozent)	**Stimme zu**[1]	**Teils/teils**	**Stimme nicht zu**[2]	**Weiß nicht/k.A.**
Schwerbehinderte/Gleichgestellte sind weniger motiviert als Nichtbehinderte. Signifikanztest Nichtbehindert/Behindert n.s.				
Nichtbehinderte (n = 1352)	4	12	81	(3)
Schwerbehinderte und diesen gleichgestellte Behinderte (n = 945)	5	11	82	(2)
In der Bundeswehr gibt es eine Kultur der Wertschätzung gegenüber Menschen mit Behinderung. Signifikanztest Nichtbehindert/Behindert ***				
Nichtbehinderte (n = 1352)	36	40	19	6
Schwerbehinderte und diesen gleichgestellte Behinderte (n = 945)	23	42	30	(4)

Anmerkungen: Einzelne Prozentangaben ergeben mitunter in der Summe nicht 100 Prozent, da sie gerundet wurden; 1) Die Antwortvorgaben „stimme voll und ganz zu“ und „stimme eher zu“ werden zusammengefasst dargestellt; 2) Die Antwortvorgaben „stimme überhaupt nicht zu“ und „stimme eher nicht zu“ werden zusammengefasst dargestellt; Werte in Klammern: n ≤ 50; T-Test bei unabhängigen Stichproben, Signifikanzniveau: *** p < .001; ** p < .01; * p < .05; n.s. = nicht signifikant (p ≥ .05).

Datenbasis: Inklusionsstudie des Zentrums für Militärgeschichte und Sozialwissenschaften der Bundeswehr 2018.

Der Aussage, dass es in der Bundeswehr eine Kultur der Wertschätzung gegenüber Menschen mit Behinderung gibt, stimmen die Nichtbehinderten eher zu als die schwerbehinderten und diesen gleichgestellten behinderten Menschen (36 bzw. 23 Prozent). Jeweils vier von zehn wählen bei dieser Frage die Mittelkategorie „teils/teils“ (40 bzw. 42 Prozent) und 19 Prozent der Nichtbehinderten sowie 30 Prozent der Schwerbehinderten und diesen gleichgestellten Behinderten lehnen diese Aussage ab.

Die dargestellten Befunde weisen auf ein positives Inklusionsklima in der Bundeswehr hin. Sowohl die befragten nichtbehinderten als auch die befragten schwerbehinderten und diesen gleichgestellten behinderten Bundeswehrangehörigen sind sich darin einig, dass Inklusion nicht für persönliche Vorteile missbraucht wird. Zudem vermuten beide Befragtengruppen, dass Schwerbehinderte und diesen gleichgestellte Behinderte in der Bundeswehr größere Chancen auf Gleichbehandlung und Aufstiegsmöglichkeiten haben als in der Gesellschaft allgemein.

In den Aktionsplan zur Umsetzung der UN-Behindertenrechtskonvention im Geschäftsbereich des BMVg sind auch Regelungen der Zentralen Dienstvorschrift A-1473/3 eingeflossen. Diese sieht unter anderem vor, bei Dienstpostenausschreibungen darauf hinzuweisen, dass bei schwerbehinderten und diesen gleichgestellten behinderten Menschen nur ein Mindestmaß an körperlicher Eignung verlangt wird und schwerbehinderte und diesen gleichgestellte behinderte Menschen bei gleicher Eignung bevorzugt berücksichtigt werden (vgl.

Bundesministerium der Verteidigung 2017: 9). Die Studienteilnehmerinnen und -teilnehmer wurden darum gebeten anzugeben, ob sie diese Regelung befürworten oder nicht. Die vergleichende Betrachtung ergibt, dass die Schwerbehinderten und diesen gleichgestellten Behinderten diese Regelung stärker befürworten als die Nichtbehinderten (vgl. Abbildung 10.1). Zwei Drittel (66 Prozent) der Schwerbehinderten und diesen gleichgestellten Behinderten befürworten diese Regelung. Im Vergleich dazu beträgt die Zustimmung bei den Nichtbehinderten lediglich 38 Prozent. Diese zeigen sich häufig in dieser Sache teils befürwortend, teils ablehnend (34 Prozent) und rund ein Viertel der Nichtbehinderten (26 Prozent) lehnt diese Regelung bei Dienstpostenausschreibungen ab.

Abbildung 10.1: Regelung bei Dienstpostenausschreibungen

Nach den Regelungen der Inklusionsvorschrift (ZDv A-1473/3) ist bei Dienstpostenausschreibungen darauf hinzuweisen, dass bei schwerbehinderten Menschen nur ein Mindestmaß an körperlicher Eignung verlangt wird und dass schwerbehinderte Menschen bei gleicher Eignung bevorzugt berücksichtigt werden. Was halten Sie von dieser Maßnahme?
(Angaben in Prozent; Signifikanztest Nichtbehindert/Behindert***)

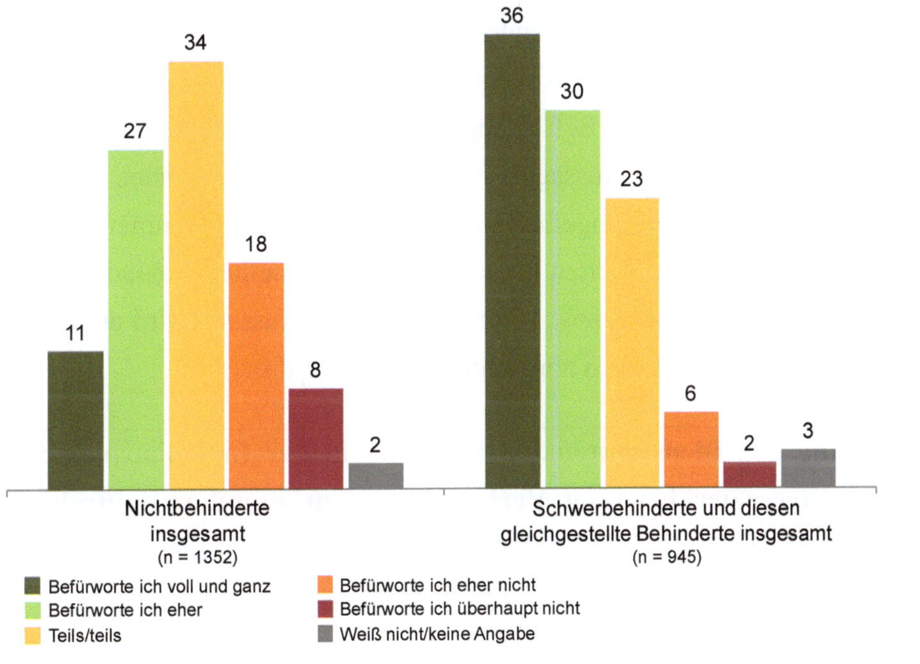

Anmerkung: T-Test bei unabhängigen Stichproben, Signifikanzniveau: *** p < .001; ** p < .01; * p < .05; n.s. = nicht signifikant (p ≥ .05).

Datenbasis: Inklusionsstudie des Zentrums für Militärgeschichte und Sozialwissenschaften der Bundeswehr 2018.

Im Nachgang zu der Frage nach der generellen Zustimmung oder Ablehnung der Regelung bei Dienstpostenausschreibungen wurden den Befragten weitere Aussagen zu dieser Regelung genannt, die dann bewertet werden sollten. Dass die Stimmung in der Truppe zur Inklusion schwerbehinderter und diesen gleichgestellter behinderter Menschen durch diese Regelung der Inklusionsvorschrift verbessert würde, meint nur jeder Fünfte nichtbehinderte und schwerbehinderte oder diesen gleichgestellte behinderte Beschäftigte (20 bzw. 19 Prozent). Dass die Inklusion von Schwerbehinderten und diesen gleichgestellten Behinderten durch diese Regelung schwieriger wird, glauben 28 Prozent der Nichtbehinderten und 20 Prozent der Schwerbehinderten und diesen gleichgestellten Behinderten. Dass Nichtbehinderte durch diese Regelung benachteiligt werden, glaubt nur ein Teil der Studienteilnehmerinnen und -teilnehmer, wobei diese eher aus der Gruppe der Nichtbehinderten stammen (25 bzw. 11 Prozent). Überwiegend wird diese Aussage sowohl von den Nichtbehinderten als auch von den Schwerbehinderten und diesen gleichgestellten Behinderten abgelehnt (40 bzw. 56 Prozent). Die Aussage, dass Schwerbehinderte und diesen gleichgestellte Behinderte durch diese Regelung schneller Karriere machen, wird jeweils mehrheitlich abgelehnt, wobei die Ablehnung durch die Schwerbehinderten und diesen gleichgestellten Behinderten deutlicher ist (67 Prozent) als durch die Nichtbehinderten (47 Prozent). Die Reaktionen auf die Aussage, dass diese Regelung es für Schwerbehinderte und diesen gleichgestellte Behinderte noch schwerer machen wird, um von ihren nichtbehinderten Kolleginnen und Kollegen bzw. Kameradinnen und Kameraden akzeptiert zu werden, zeigen in beiden Befragtengruppen ein unentschiedenes Meinungsbild. Die Anteile der Personen, die der Aussage zustimmen, ihr teils zustimmen, sie teils ablehnen und sie ablehnen, sind jeweils ungefähr gleich groß. Dass die Zusammenarbeit von Nichtbehinderten und Schwerbehinderten und diesen gleichgestellten Behinderten schwieriger wird, glauben nur Wenige (17 bzw. 14 Prozent). Diese Aussage wird am häufigsten von den Probandinnen und Probanden abgelehnt (48 bzw. 42 Prozent).

Die Regelung zur Dienstpostenausschreibung in der Inklusionsvorschrift wird durchaus differenziert bewertet. Verbreitet sind insbesondere Befürchtungen von Akzeptanzverlust bei den Schwerbehinderten und diesen gleichgestellten Behinderten sowie Befürchtungen von Nachteilen bei den Nichtbehinderten.

Tabelle 10.2: Akzeptanz dieser Regelung der Inklusionsvorschrift

Was meinen Sie, welche Folgen diese Regelung der Inklusionsvorschrift hat?				
(Angaben in Prozent)	**Stimme zu[1]**	**Teils/teils**	**Stimme nicht zu[2]**	**Weiß nicht/k.A.**
Die Stimmung in der Truppe zur Inklusion von Schwerbehinderten/Gleichgestellten wird besser.				
Signifikanztest Nichtbehindert/Behindert *				
Nichtbehinderte (n = 1352)	20	40	33	7
Schwerbehinderte und diesen gleichgestellte Behinderte (n = 945)	19	45	26	10
Die Inklusion von Schwerbehinderten/Gleichgestellten in der Bundeswehr wird schwieriger.				
Signifikanztest Nichtbehindert/Behindert *				
Nichtbehinderte (n = 1352)	28	33	31	7
Schwerbehinderte und diesen gleichgestellte Behinderte (n = 945)	20	38	33	10
(Angaben in Prozent)	**Stimme zu[1]**	**Teils/teils**	**Stimme nicht zu[2]**	**Weiß nicht/k.A.**
Die Nichtbehinderten werden durch die Regelung benachteiligt.				
Signifikanztest Nichtbehindert/Behindert ***				
Nichtbehinderte (n = 1352)	25	30	40	5
Schwerbehinderte und diesen gleichgestellte Behinderte (n = 945)	11	23	56	9
Schwerbehinderte/Gleichgestellte werden schneller Karriere machen.				
Signifikanztest Nichtbehindert/Behindert ***				
Nichtbehinderte (n = 1352)	17	29	47	7
Schwerbehinderte und diesen gleichgestellte Behinderte (n = 945)	6	17	67	10
Für die Schwerbehinderten/Gleichgestellten wird es noch schwerer werden, von ihren nichtbehinderten Kolleginnen bzw. Kollegen oder Kameradinnen bzw. Kameraden akzeptiert zu werden.				
Signifikanztest Nichtbehindert/Behindert n.s.				
Nichtbehinderte (n = 1352)	28	32	34	6
Schwerbehinderte und diesen gleichgestellte Behinderte (n = 945)	21	37	33	10
Die Zusammenarbeit von Nichtbehinderten und Schwerbehinderten/Gleichgestellten wird schwieriger.				
Signifikanztest Nichtbehindert/Behindert n.s.				
Nichtbehinderte (n = 1352)	17	29	48	6
Schwerbehinderte und diesen gleichgestellte Behinderte (n = 945)	14	34	42	10

Anmerkungen: Einzelne Prozentangaben ergeben mitunter in der Summe nicht 100 Prozent, da sie gerundet wurden; 1) Die Antwortvorgaben „stimme voll und ganz zu“ und „stimme eher zu“ werden zusammengefasst dargestellt; 2) Die Antwortvorgaben „stimme überhaupt nicht zu“ und „stimme eher nicht zu“ werden zusammengefasst dargestellt; T-Test bei unabhängigen Stichproben, Signifikanzniveau: *** $p < .001$; ** $p < .01$; * $p < .05$; n.s. = nicht signifikant ($p \geq .05$).

Datenbasis: Inklusionsstudie des Zentrums für Militärgeschichte und Sozialwissenschaften der Bundeswehr 2018.

Im Anschluss daran wurde noch erfragt, wie sich aus Sicht der Probandinnen und Probanden der Umsetzungsstand der Inklusion in der Bundeswehr darstellt. Jeweils rund die Hälfte beider Befragtengruppen ist der Ansicht, dass die Inklusion von Schwerbehinderten und diesen gleichgestellten Behinderten in der Bundeswehr auf dem richtigen Weg ist (45 bzw. 52 Prozent). Jeweils rund zwei Drittel der Befragten stimmen zudem der Aussage zu, dass die Inklusion von Schwerbehinderten und diesen gleichgestellten Behinderten in der Bundeswehr zwar nicht ganz leicht, doch letztlich zu bewältigen ist (63 bzw. 64 Prozent). Der eher kritischen Aussage, dass die Inklusion problematisch ist und auch weiterhin großer Anstrengungen bedarf, wird von jeweils der Hälfte beider Befragtengruppen zugestimmt (47 bzw. 48 Prozent). Ein Drittel der Nichtbehinderten (33 Prozent) und vier von zehn der Schwerbehinderten und diesen gleichgestellten Behinderten (39 Prozent) geben an, dass die Inklusion von Schwerbehinderten und diesen gleichgestellten Behinderten die Bundeswehr stärkt. Dass die Inklusion der Bundeswehr mehr Nachteile als Vorteile bringt, glauben jeweils nur wenige Befragte: 16 Prozent der Nichtbehinderten und 10 Prozent der Schwerbehinderten und diesen gleichgestellten Behinderten geben an, dass diese Aussage zutrifft. Jeweils rund ein Viertel der Befragten (26 bzw. 25 Prozent) wählt die Mittelkategorie „teils/teils“ und jeweils rund die Hälfte der Befragten lehnt diese Aussage ab (50 bzw. 53 Prozent). Die Aussage, dass die Inklusion von Schwerbehinderten und diesen gleichgestellten Behinderten am besten rückgängig gemacht werden sollte, wird von beiden Befragtengruppen deutlich abgelehnt: 73 Prozent der Nichtbehinderten und 79 Prozent der Schwerbehinderten und diesen gleichgestellten Behinderten geben an, dass diese Aussage unzutreffend ist. Nur wenige der Befragten votieren dafür, dass die Inklusion wieder rückgängig gemacht wird, sogar 2 Prozent der Schwerbehinderten und diesen gleichgestellten Behinderten.

In den wenigen Jahren seit der Einführung des Aktionsplans und der Inklusionsvorschrift ist „Inklusion“ bereits im Bewusstsein vieler Bundeswehrangehörigen angekommen und erfährt große Zustimmung. Beide Befragtengruppen betonen jedoch, dass die Umsetzung von Inklusion nicht ganz leicht ist und noch weiterer großer Anstrengungen bedarf. Rückgängig machen möchte sie kaum jemand.

Tabelle 10.3: Umsetzung der Inklusion innerhalb der Bundeswehr

Wie stehen Sie zu den folgenden Aussagen über die Inklusion von schwerbehinderten/gleichgestellten zivilen Mitarbeiterinnen bzw. Mitarbeitern oder Soldatinnen bzw. Soldaten in der Bundeswehr? **Die Inklusion von Schwerbehinderten/Gleichgestellten in der Bundeswehr ...**				
(Angaben in Prozent)	**Trifft zu[1]**	**Teils/teils**	**Trifft nicht zu[2]**	**Weiß nicht/k.A.**
ist auf dem richtigen Weg.				
Signifikanztest Nichtbehindert/Behindert n.s.				
Nichtbehinderte (n = 1352)	45	36	9	10
Schwerbehinderte und diesen gleichgestellte Behinderte (n = 945)	52	29	8	10
ist zwar nicht ganz leicht, doch letztlich zu bewältigen.				
Signifikanztest Nichtbehindert/Behindert n.s.				
Nichtbehinderte (n = 1352)	63	22	8	7
Schwerbehinderte und diesen gleichgestellte Behinderte (n = 945)	64	20	(4)	11
ist problematisch und bedarf auch weiterhin noch sehr großer Anstrengungen.				
Signifikanztest Nichtbehindert/Behindert **				
Nichtbehinderte (n = 1352)	47	30	16	7
Schwerbehinderte und diesen gleichgestellte Behinderte (n = 945)	48	26	14	11
stärkt die Bundeswehr.				
Signifikanztest Nichtbehindert/Behindert ***				
Nichtbehinderte (n = 1352)	33	37	23	7
Schwerbehinderte und diesen gleichgestellte Behinderte (n = 945)	39	35	14	12
bringt der Bundeswehr mehr Nachteile als Vorteile.				
Signifikanztest Nichtbehindert/Behindert **				
Nichtbehinderte (n = 1352)	16	26	50	8
Schwerbehinderte und diesen gleichgestellte Behinderte (n = 945)	10	25	53	12
sollte am besten rückgängig gemacht werden.				
Signifikanztest Nichtbehindert/Behindert ***				
Nichtbehinderte (n = 1352)	6	12	73	9
Schwerbehinderte und diesen gleichgestellte Behinderte (n = 945)	(2)	7	79	12

Anmerkungen: Einzelne Prozentangaben ergeben mitunter in der Summe nicht 100 Prozent, da sie gerundet wurden; 1) Die Antwortvorgaben „trifft voll und ganz zu“ und „trifft eher zu“ werden zusammengefasst dargestellt; 2) Die Antwortvorgaben „trifft überhaupt nicht zu“ und „trifft eher nicht zu“ werden zusammengefasst dargestellt; Werte in Klammern: n ≤ 50; T-Test bei unabhängigen Stichproben, Signifikanzniveau: *** p < .001; ** p < .01; * p < .05; n.s. = nicht signifikant (p ≥ .05).

Datenbasis: Inklusionsstudie des Zentrums für Militärgeschichte und Sozialwissenschaften der Bundeswehr 2018.

Anschließend wurden die Befragten um eine Einschätzung dazu gebeten, ob sie den Arbeitgeber Bundeswehr einer bzw. einem Bekannten mit Behinderung, die bzw. der eine Stelle sucht, weiterempfehlen würden. Insgesamt betrachtet ist die Weiterempfehlungsbereitschaft der Nichtbehinderten geringer (68 Prozent) als die der Schwerbehinderten und diesen gleichgestellten Behinderten (80 Prozent). Die Empfehlungsbereitschaft liegt aber dennoch bei beiden Befragtengruppen auf einem hohen Niveau. Die differenzierte Betrachtung nach militärischem und zivilem Bereich zeigt zudem, dass die Zivilbeschäftigten jeweils eine statistisch signifikant höhere Weiterempfehlungsbereitschaft aufweisen als die befragten Soldatinnen und Soldaten.

Abbildung 10.2: Weiterempfehlung Bundeswehr als Arbeitgeber für schwerbehinderte und diesen gleichgestellte Behinderte

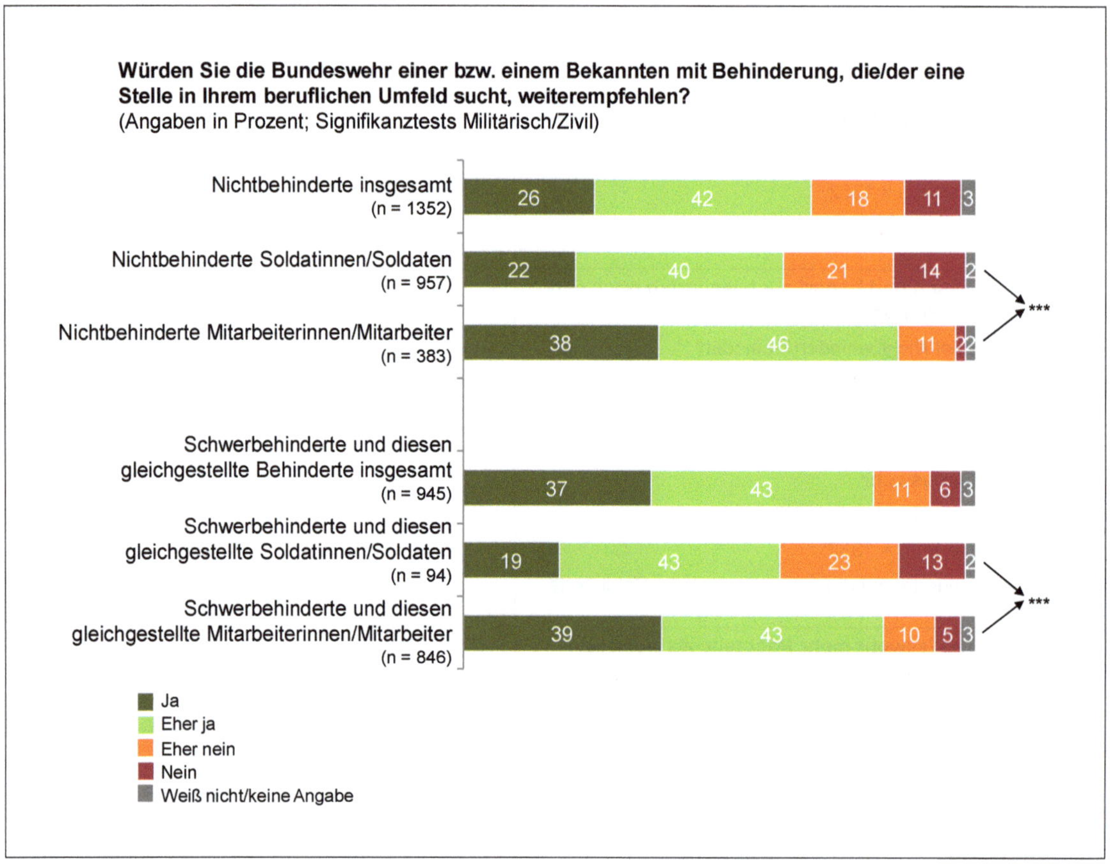

Anmerkungen: Einzelne Prozentangaben ergeben mitunter in der Summe nicht 100 Prozent, da sie gerundet wurden; Chi²-Unabhängigkeits-Test, Signifikanzniveau: *** $p < .001$; ** $p < .01$; * $p < .05$; n.s. = nicht signifikant ($p \geq .05$).

Datenbasis: Inklusionsstudie des Zentrums für Militärgeschichte und Sozialwissenschaften der Bundeswehr 2018.

Die befragten Soldatinnen und Soldaten weisen eine geringere Bereitschaft auf, die Bundeswehr als Arbeitgeber zu empfehlen, als die befragten Zivilbeschäftigten.

11 Kenntnis der UN-Behindertenrechtskonvention

In diesem Abschnitt wird die Kenntnis der UN-Behindertenrechtskonvention (UN-BRK) beleuchtet. Betrachtet man die Gruppe der Nichtbehinderten insgesamt, dann geben neun von zehn (89 Prozent) der Befragten an, dass sie noch nie von der UN-BRK gehört oder gelesen haben bzw. davon gehört haben, aber nichts Konkretes wissen (vgl. Abbildung 11.1). Lediglich 10 Prozent geben an, dass sie Kenntnis von der UN-BRK haben und alle oder einige Fakten und Zusammenhänge kennen. Die differenzierte Betrachtung nach militärischem und zivilem Bereich ergibt zudem eine größere und statistisch signifikante Unwissenheit bezüglich der UN-BRK unter den nichtbehinderten Soldatinnen und Soldaten (91 Prozent) als unter den nichtbehinderten Zivilbeschäftigten (85 Prozent).

Abbildung 11.1: Kenntnis der UN-BRK – Nichtbehinderte

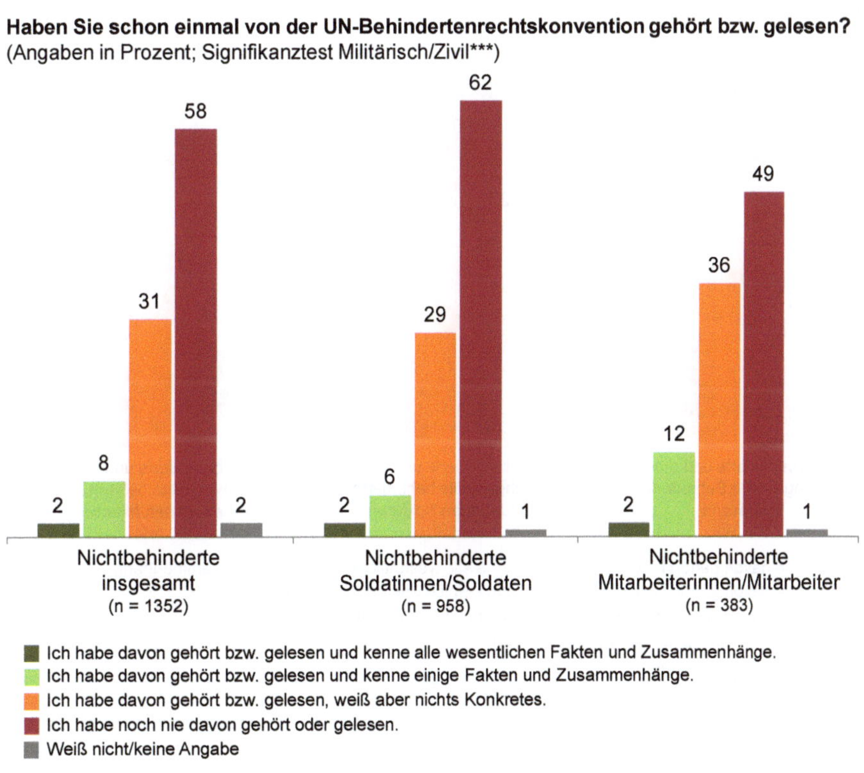

Anmerkungen: Einzelne Prozentangaben ergeben mitunter in der Summe nicht 100 Prozent, da sie gerundet wurden; Chi²-Unabhängigkeits-Test, Signifikanzniveau: *** $p < .001$; ** $p < .01$; * $p < .05$; n.s. = nicht signifikant ($p \geq .05$).

Datenbasis: Inklusionsstudie des Zentrums für Militärgeschichte und Sozialwissenschaften der Bundeswehr 2018.

Dieser Umstand ist dadurch zu erklären, dass im zivilen Bereich der Großteil der Schwerbehinderten und diesen gleichgestellten Behinderten tätig ist, was zu wahrscheinlicheren Anknüpfungspunkten zu dieser Thematik beitragen kann.

Die Betrachtung dieser Frage für die Gruppe der Schwerbehinderten und diesen gleichgestellten Behinderten verdeutlicht, dass insgesamt acht von zehn (80 Prozent) angeben, dass sie nichts (46 Prozent) oder nur wenig (34 Prozent) über die UN-BRK wissen (vgl. Abbildung 11.2). 13 Prozent der Schwerbehinderten und diesen gleichgestellten Behinderten geben an, einige Fakten und Zusammenhänge zur UN-BRK zu kennen, und 6 Prozent geben an, dass ihnen alle wesentlichen Fakten und Zusammenhänge bekannt sind.

Abbildung 11.2: Kenntnis der UN-Behindertenrechtskonvention – Schwerbehinderte und diesen gleichgestellte Behinderte

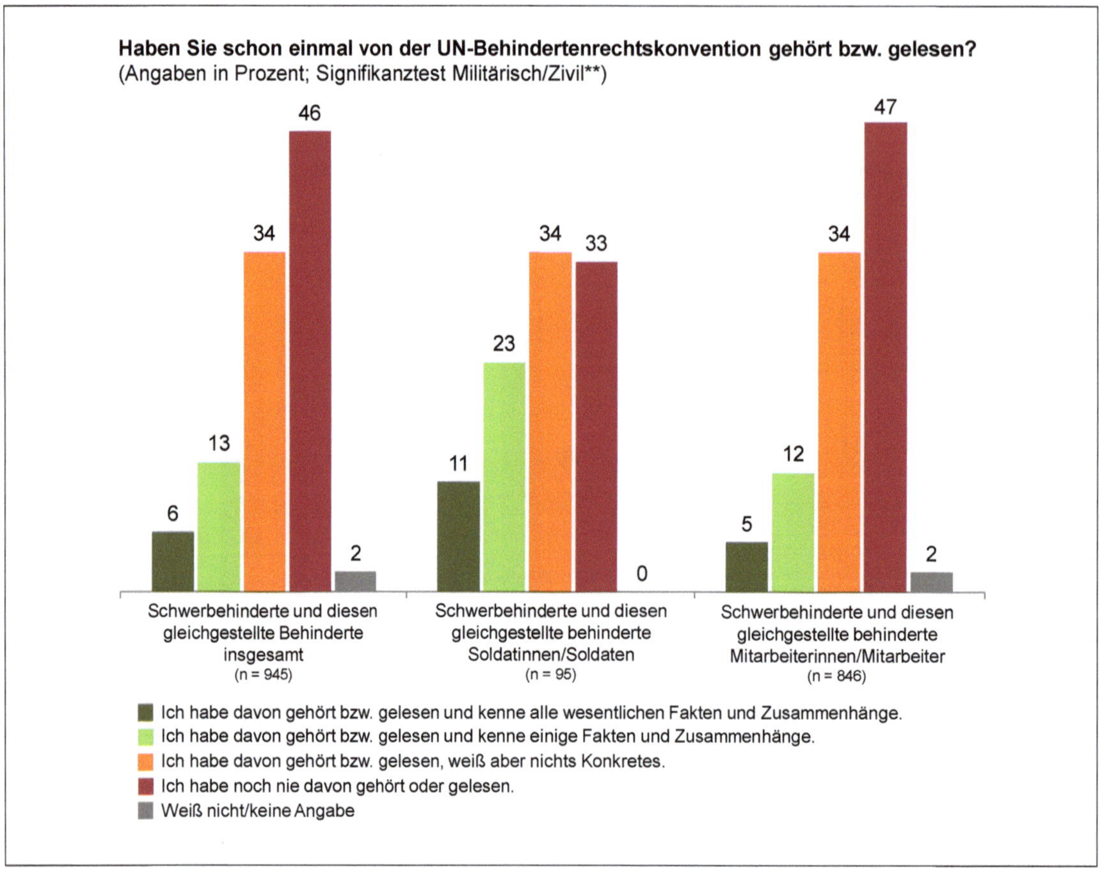

Anmerkungen: Einzelne Prozentangaben ergeben mitunter in der Summe nicht 100 Prozent, da sie gerundet wurden; Chi²-Unabhängigkeits-Test, Signifikanzniveau: *** $p < .001$; ** $p < .01$; * $p < .05$; n.s. = nicht signifikant ($p \geq .05$).

Datenbasis: Inklusionsstudie des Zentrums für Militärgeschichte und Sozialwissenschaften der Bundeswehr 2018.

Die differenzierte Betrachtung nach militärischem und zivilem Bereich offenbart, dass der Kenntnisstand der schwerbehinderten und diesen gleichgestellten Soldatinnen und Soldaten statistisch signifikant besser ist als der Kenntnisstand der schwerbehinderten und diesen gleichgestellten Zivilbeschäftigten. Während 81 Prozent der zivilen Mitarbeiterinnen und Mitarbeiter angibt, dass sie nichts bzw. nichts Konkretes über die UN-BRK wissen, beläuft sich dieser Anteil unter den schwerbehinderten und diesen gleichgestellten Soldatinnen und Soldaten auf 67 Prozent. Dementsprechend verteilen sich auch die Anteile auf der Positivseite: Lediglich 17 Prozent der schwerbehinderten und diesen gleichgestellten Zivilbeschäftigten kennen alle oder einige Fakten und Zusammenhänge zur UN-BRK, bei den schwerbehinderten und diesen gleichgestellten Soldatinnen und Soldaten sind dies 34 Prozent.

Der Kenntnisstand zur UN-Behindertenrechtskonvention kann sowohl bei den Nichtbehinderten als auch bei den Schwerbehinderten und diesen gleichgestellten Behinderten als sehr gering bezeichnet werden.

12 Kenntnis und Bewertung des Aktionsplans zur Umsetzung der UN-BRK im Geschäftsbereich des BMVg

Auf Grundlage der UN-Behindertenrechtskonvention wurde ein eigener Aktionsplan für den Geschäftsbereich des BMVg entwickelt und im Jahr 2015 in Form einer Broschüre mit einer Auflagenhöhe von 8 000 Exemplaren in der Bundeswehr verteilt. Zudem wurde er auf der Internetseite der Hauptschwerbehindertenvertretung eingestellt und die Möglichkeit zum Download eröffnet. Dennoch ist der Aktionsplan weder bei den Nichtbehinderten noch bei den Schwerbehinderten und diesen gleichgestellten Behinderten bekannt. 93 Prozent der Nichtbehinderten und 79 Prozent der Schwerbehinderten und diesen gleichgestellten Behinderten geben an, dass ihnen der Aktionsplan zur Umsetzung der UN-BRK im Geschäftsbereich des BMVg nicht bekannt ist (vgl. Tabelle 12.1).

Tabelle 12.1: Bekanntheit des Aktionsplans BMVg

Ist Ihnen der Aktionsplan zur Umsetzung der UN-Behindertenrechtskonvention im Geschäftsbereich des BMVg bekannt?			
(Angaben in Prozent)	**Ja**	**Nein**	**Weiß nicht/k.A.**
Nichtbehinderte			
Insgesamt (n = 1352)	(3)	93	(3)
Signifikanztest Militärisch/Zivil n.s.			
Soldatinnen/Soldaten (n = 958)	(3)	94	(3)
Mitarbeiterinnen/Mitarbeiter (n = 382)	(4)	92	(3)
Schwerbehinderte und diesen gleichgestellte Behinderte			
Insgesamt (n = 945)	14	79	7
Signifikanztest Militärisch/Zivil **			
Soldatinnen/Soldaten (n = 95)	(26)	69	(4)
Mitarbeiterinnen/Mitarbeiter (n = 846)	13	80	7

Anmerkungen: Einzelne Prozentangaben ergeben mitunter in der Summe nicht 100 Prozent, da sie gerundet wurden; Chi²-Unabhängigkeits-Test, Signifikanzniveau: *** $p < .001$; ** $p < .01$; * $p < .05$; n.s. = nicht signifikant ($p \geq .05$); Werte in Klammern: $n \leq 50$.

Datenbasis: Inklusionsstudie des Zentrums für Militärgeschichte und Sozialwissenschaften der Bundeswehr 2018.

Die differenzierte Betrachtung nach militärischer und ziviler Bereichszugehörigkeit bestätigt zudem das aus dem vorangegangenen Abschnitt bekannte Bild: Die schwerbehinderten und diesen gleichgestellten behinderten Zivilangestellten wissen statistisch signifikant weniger über den Aktionsplan des BMVg als die schwerbehinderten und diesen gleichgestellten behinderten Soldatinnen und Soldaten.

Die Befragten, die angegeben hatten, dass ihnen der Aktionsplan zur Umsetzung der UN-BRK bekannt ist, wurden im Anschluss gefragt, auf welchen Wegen sie sich selbst über den Aktionsplan informiert haben bzw. informiert wurden. Insgesamt fällt auf: Die Schwerbehinderten und diesen gleichgestellten Behinderten geben häufiger an, dass sie sich informiert haben oder dass sie informiert wurden als die Nichtbehinderten (vgl. Abbildung 12.1). Dennoch sind die jeweiligen Anteile der genutzten Informationsquellen insgesamt sehr gering. Nichtbehinderte nutzten am ehesten Informationen im Intranet der Bundeswehr, Informationsmaterial oder Sonstiges (gerundet jeweils 1 Prozent). Schwerbehinderte und diesen gleichgestellte Behinderte nutzten am ehesten die Schwerbehindertenvertretung (7,5 Prozent), Informationen im Intranet der Bundeswehr (6,4 Prozent), Informationsmaterialien (6,3 Prozent), Sonstiges (4 Prozent) sowie Informationsveranstaltungen (3,5 Prozent). Durch Vorgesetzte oder Kolleginnen und Kollegen bzw. Kameradinnen und Kameraden erfuhren nur sehr wenige über den Aktionsplan zur Umsetzung der UN-BRK im Geschäftsbereich des BMVg.

Abbildung 12.1: Genutzte Informationsquellen zum Aktionsplan des BMVg

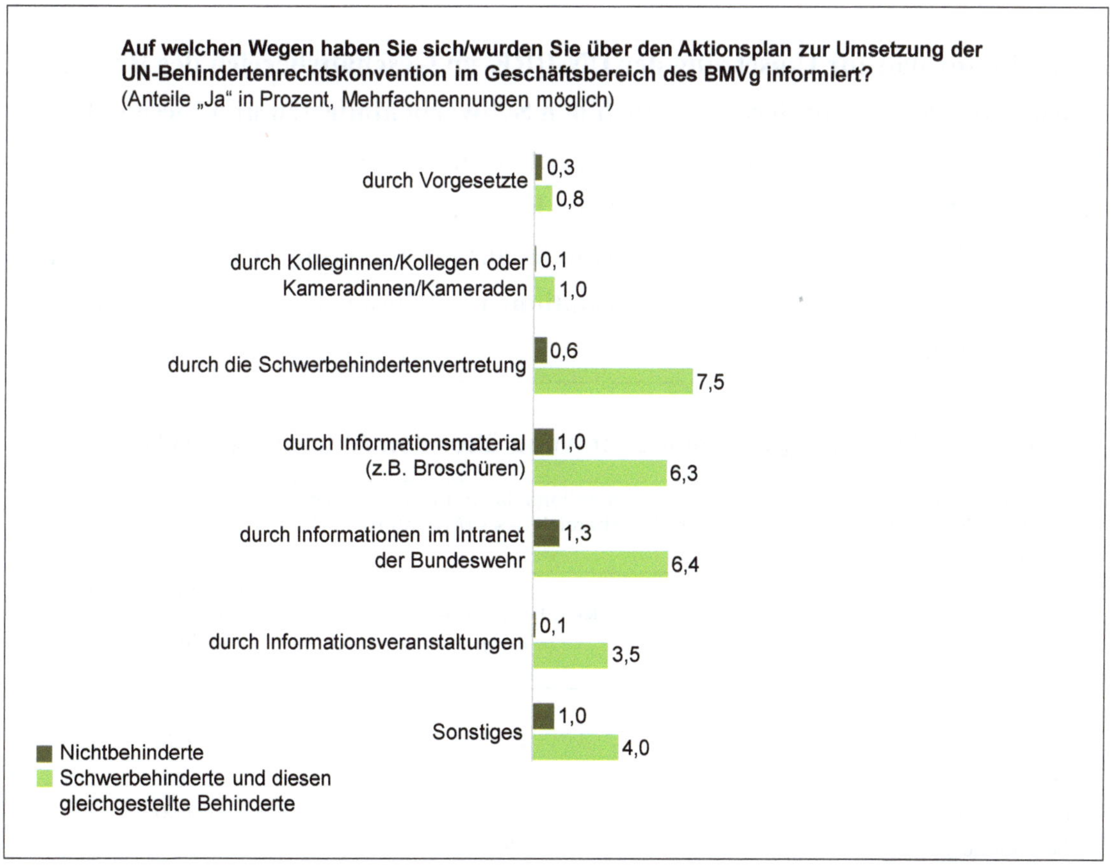

Datenbasis: Inklusionsstudie des Zentrums für Militärgeschichte und Sozialwissenschaften der Bundeswehr 2018.

Fragt man die Studienteilnehmerinnen und -teilnehmer anschließend, wie gut sie sich über den Aktionsplan zur Umsetzung der UN-BRK im Geschäftsbereich des BMVg informiert fühlen, dann zeigt sich ein interessanter Befund: Obwohl nur sehr wenige die bestehenden Informationsangebote nutzen, gibt ein erstaunlich großer Anteil der Befragten an, dass sie sich gut informiert fühlen (Nichtbehinderte: 23 Prozent; Schwerbehinderte und diesen gleichgestellte Behinderte: 35 Prozent) (vgl. Tabelle 12.2). Jeweils fünf von zehn geben zudem an, dass sie sich teils gut, teils schlecht informiert fühlen (46 bzw. 48 Prozent), und nur 32 Prozent der Nichtbehinderten und 16 Prozent der Schwerbehinderten und diesen gleichgestellten Behinderten bezeichnen das persönliche Informationsniveau über den Aktionsplan des BMVg als insgesamt schlecht. Diese Antworten können darauf hindeuten, dass seitens der Nichtbehinderten, aber auch einiger Schwerbehinderter und diesen gleichgestellten Behinderter kein großes Interesse an weitergehenden Informationen besteht. Eine konkrete Frage, ob sich die Probandinnen und Probanden weitere Informationen über den Aktionsplan zur Umsetzung der UN-BRK im Geschäftsbereich des BMVg wünschen, ist jedoch in der vorliegenden Studie nicht gestellt worden. In einer Folgestudie könnte diese ergänzt werden.

Der Aktionsplan zur Umsetzung der UN-BRK im Geschäftsbereich des BMVg ist sowohl den Nichtbehinderten als auch den Schwerbehinderten und diesen gleichgestellten Behinderten überwiegend unbekannt. Obwohl bestehende Informationsangebote zum Aktionsplan des BMVg kaum genutzt werden, bezeichnen viele Befragte das eigene Informationsniveau als gut oder zumindest teils gut, was als geringes Interesse an weiteren Informationen zu dieser Thematik interpretiert werden kann.

Tabelle 12.2: Bewertung Informationsniveau über den Aktionsplan BMVg

Wie gut fühlen Sie sich, alles in allem, über den Aktionsplan zur Umsetzung der UN-Behindertenrechtskonvention im Geschäftsbereich des BMVg informiert? Signifikanztest Nichtbehindert/Behindert $^{n.s.}$		
(Angaben in Prozent)	**Nichtbehinderte** (n = 45)	**Schwerbehinderte und diesen gleichgestellte Behinderte** (n = 153)
Sehr gut	(1)	(7)
Eher gut	(22)	(28)
Teils/teils	(46)	48
Eher schlecht	(13)	(12)
Sehr schlecht	(19)	(4)
Weiß nicht/keine Angabe	(0)	(2)

Anmerkungen: Einzelne Prozentangaben ergeben mitunter in der Summe nicht 100 Prozent, da sie gerundet wurden; Werte in Klammern: n ≤ 50; T-Test bei unabhängigen Stichproben, Signifikanzniveau: *** p < .001; ** p < .01; * p < .05; n.s. = nicht signifikant (p ≥ .05).

Datenbasis: Inklusionsstudie des Zentrums für Militärgeschichte und Sozialwissenschaften der Bundeswehr 2018.

In einer offenen Frage wurden anschließend die Schwerbehinderten und diesen gleichgestellten Behinderten dazu aufgefordert, Vorschläge für weitere Maßnahmen zu benennen, die sie sich zur Umsetzung der UN-Behindertenrechtskonvention für ihren Arbeitsbereich bzw. den Geschäftsbereich des BMVg wünschen. Um die Frage zu klären, ob sich die gewünschten Maßnahmen der Schwerbehinderten und diesen gleichgestellten Behinderten mit und ohne Vorgesetztenfunktion voneinander unterscheiden, erfolgte die Auswertung dieser offenen Frage differenziert nach diesem Merkmal. Die Anzahl der Nennungen der Schwerbehinderten und diesen gleichgestellten Behinderten ohne Vorgesetztenfunktion beläuft sich auf insgesamt 337, die der Schwerbehinderten und diesen gleichgestellten Behinderten mit Vorgesetztenfunktion auf 180.

Die am häufigsten genannten Aspekte der Schwerbehinderten und diesen gleichgestellten Behinderten ohne Vorgesetztenfunktion zielen auf Maßnahmen ab, die die Barrierefreiheit verbessern und den Arbeitsalltag erleichtern sollen (vgl. Abbildung 12.2). Viele Schwerbehinderte und diesen gleichgestellte Behinderte wünschen sich ein barrierefreies Arbeitsumfeld mit Rampen im Eingangsbereich und automatischen Türen sowie behindertengerechten Parkplätzen und Toiletten. Weiterhin wird der Bedarf nach der Bereitstellung von behindertengerechtem Mobiliar und behindertengerechter Technik vielfach geäußert. Weitere gewünschte Maßnahmen sind flexible Arbeitszeitmodelle, z.B. ohne Kernarbeitszeit oder Telearbeit bzw. ortsunabhängiges Arbeiten. Zudem wünschen sich die Schwerbehinderten und diesen gleichgestellten Behinderten ohne Vorgesetztenfunktion mehr Anerkennung, Verständnis und Rücksicht seitens ihrer Vorgesetzten und Kolleginnen und Kollegen bzw. Kameradinnen und Kameraden.

Abbildung 12.2: Weitere gewünschte Maßnahmen – offene Nennungen der schwerbehinderten und diesen gleichgestellten behinderten Menschen ohne Vorgesetztenfunktion

> *„... Aufzug; barrierefreier Zugang zu Gebäuden; behindertengerechte Parkplätze und Toiletten; Bereitstellung von behindertengerechtem Mobiliar; Bereitstellung größerer Büros oder Einzelbüros; behindertengerechte Pausen- und Ruheräume; Sensibilisierung der Nichtbehinderten; Sonnenschutz; Telearbeit; Vorgesetzte schulen; Verbesserung der technischen Ausstattung; automatische Türöffner; Betriebliches Gesundheitsmanagement (BGM) und Sport für Behinderte; Lärmschutz; Klimaanlage; Hilfsmittel; flexible Arbeitszeiten; Barrierefreiheit; Rampe in Eingangsbereichen; Gebärdendolmetscher bei Besprechungen; höhenverstellbarer Schreibtisch; mehr Rücksicht; leidensgerechter Einsatz ohne Standortwechsel; ortsunabhängiges Arbeiten; schnellere Umsetzung von Maßnahmen; Zeitdruck mindern; Abschaffung der Kernarbeitszeit; Anerkennung der Behinderung durch Vorgesetzte und Kollegen; Arbeitsplatzsicherheit; bessere Hilfestellung und Aufklärung; mehr Verständnis ...“*

Datenbasis: Inklusionsstudie des Zentrums für Militärgeschichte und Sozialwissenschaften der Bundeswehr 2018.

Die Maßnahmen, welche die Schwerbehinderten und diesen gleichgestellten Behinderten mit Vorgesetztenfunktion benennen, unterscheiden sich nicht wesentlich von den Angaben der Schwerbehinderten und diesen gleichgestellten Behinderten ohne Vorgesetztenfunktion. Die am häufigsten genannten Aspekte der Schwerbehinderten und diesen gleichgestellten Behinderten mit Vorgesetztenfunktion betreffen ebenfalls die Bereiche flexible Arbeitszeitgestaltung, Barrierefreiheit und behindertengerechte Ausstattung mit Mobiliar und Technik (vgl. Abbildung 12.3). Aspekte, die im Vergleich deutlicher zutage treten, sind der Bedarf an Informationen, z.B. durch engeren Kontakt mit der Schwerbehindertenvertretung oder die Aufklärung über die Rechte und Pflichten der Schwerbehinderten und diesen gleichgestellten Behinderten. Weiterhin wurden von dieser Befragtengruppe spezielle Maßnahmen genannt, um die Durchführung von Dienstreisen zu erleichtern, z.B. die Bereitstellung von Dienst-Kfz mit Automatik.

Abbildung 12.3: Weitere gewünschte Maßnahmen – offene Nennungen der schwerbehinderten und diesen gleichgestellten behinderten Menschen mit Vorgesetztenfunktion

„... Ausstattung der eigenen Dienststelle mit behindertengerechten Parkplätzen und Toiletten; behindertengerechte Büroausstattung; Aufklärung und Informationen über Rechte und Pflichten der Schwerbehinderten; barrierefreie IT; bauliche Maßnahmen zwingend erforderlich; behindertengerechte Sportmaßnahmen (BGM); Dienst-Kfz mit Automatik; Dienstreiseerleichterungen; genügend Zeit für die Arbeit; größere und mehr Büroräume; Homeoffice; Barrierefreiheit der Dienstgebäude verbessern; Klimaanlage; sich nicht ständig erklären müssen; ortsunabhängiges Arbeiten; Sportangebote speziell für Behinderte; höhenverstellbare Schreibtische; weniger Bürokratie; barrierefreie Wege und Gebäude; schnellere Auslieferung leidensgerechter Büroausstattung; bessere Beleuchtung; Lärmschutz; bessere Personalplanung; Anerkennung von Gesetzen; engerer Kontakt mit der Schwerbehindertenvertretung; Rampen in Eingangsbereichen; Blendschutz; ergonomische Bürostühle ...“

Datenbasis: Inklusionsstudie des Zentrums für Militärgeschichte und Sozialwissenschaften der Bundeswehr 2018.

Die Maßnahmen, die von den Schwerbehinderten und diesen gleichgestellten Behinderten mit und ohne Vorgesetztenfunktion genannt wurden, stammen größtenteils aus den Bereichen Barrierefreiheit, behindertengerechte Ausstattung und flexible Arbeitszeitgestaltung.

Auch für diese Frage wurde im Anschluss an die erste grobe Auswertung der offenen Nennungen eine quantitative Inhaltsanalyse durchgeführt (vgl. Abbildung 12.4). Die Codierung der offenen Nennungen aller schwerbehinderten und diesen gleichgestellten behinderten Menschen ergab für die Frage nach weiteren gewünschten Maßnahmen, die umgesetzt werden sollten, dass sich rund ein Viertel (24 Prozent) Verbesserungen im Bereich Bewusstseinsbildung, Schulung von Vorgesetzten und Sensibilisierung von Kollegen oder Kameraden wünscht. Weiterhin wurden Informations- und Beratungsangebote für Schwerbehinderte und diesen gleichgestellte Behinderte (17 Prozent) sowie der Aspekt Barrierefreiheit in Infrastruktur und Ausstattungsbereichen (16 Prozent) genannt. Weitere Nennungen entfielen auf den Bereich Arbeitsleben, konkret die Eröffnung von Beschäftigungschancen und die vermehrte Einstellung von schwerbehinderten und diesen gleichgestellten behinderten Menschen (12 Prozent). Andere Nennungen betrafen die verbesserte Ausstattung der Arbeitsplätze mit behindertengerechter Infrastruktur bzw. mit leidensgerechter Ausstattung (8 Prozent). Neben sonstigen Nennungen wurde auch der Bereich „Soldat und Behinderung“ angesprochen (jeweils 7 Prozent). In diesem Bereich wünschen sich die Befragten Gleichstellungsmöglichkeiten, Beschäftigungs- und Beförderungsmöglichkeiten sowie die

Einrichtung von Integrationsdienstposten für schwerbehinderte und diesen gleichgestellte Soldatinnen und Soldaten. Schließlich entfielen auch Nennungen auf die Bereiche Arbeitszeitgestaltung bzw. Flexibilisierung von Arbeitszeitmodellen (6 Prozent) sowie auf Karriere- und Weiterentwicklungsmöglichkeiten für Schwerbehinderte und diesen gleichgestellte Behinderte (4 Prozent).

Abbildung 12.4: Weitere gewünschte Maßnahmen – offene Nennungen der schwerbehinderten und diesen gleichgestellten behinderten Menschen

Datenbasis: Inklusionsstudie des Zentrums für Militärgeschichte und Sozialwissenschaften der Bundeswehr 2018.

Auch die Nichtbehinderten erhielten im Fragebogenverlauf eine Frage, die nur an sie gerichtet wurde. Um diese Befragtengruppe mit der Bewertung der vielzähligen Einzelmaßnahmen des Aktionsplans zur Umsetzung der UN-BRK im Geschäftsbereich des BMVg nicht zu überfordern, wurden die Probandinnen und Probanden gebeten anzugeben, ob ihnen die fünf Handlungsfelder des Aktionsplans bekannt sind, ob ihnen etwas über den Umsetzungsstand der Handlungsfelder bekannt ist und für wie wichtig sie die einzelnen Handlungsfelder erachten. Aus Sicht der Nichtbehinderten ist das Handlungsfeld „Arbeitsleben" (80 Prozent) am bekanntesten (vgl. Tabelle 12.3). Gefolgt von den Handlungsfeldern „Bewusstseinsbildung" (70 Prozent), „Bildung und Ausbildung" und „barrierefreie Informationstechnik" (jeweils 62 Prozent) und „Soldat und Behinderung" (57 Prozent).

Tabelle 12.3: Bekanntheit und Bewertung der Handlungsfelder des Aktionsplans BMVg durch Nichtbehinderte

Der Aktionsplan zur Umsetzung der UN-Behindertenrechtskonvention im Geschäftsbereich des BMVg umfasst eine Vielzahl an Maßnahmen in fünf verschiedenen Handlungsfeldern. - **Sind Ihnen die folgenden Maßnahmen bzw. Handlungsfelder bekannt?** - **Wenn ja, wissen Sie etwas über den Stand der Umsetzung?** - **Halten Sie die Maßnahmen bzw. Handlungsfelder für wichtig?**			
(Anteile „Ja“ in Prozent und in absoluten Zahlen „n“)	**Bekannt**	**Umgesetzt**	**Wichtig**
Maßnahmen zur Bewusstseinsbildung (z.B. Verbesserung des Verständnisses für die Situation Schwerbehinderter/ Gleichgestellter)	70 n = 29	22 n = 9	87 n = 36
Maßnahmen zur Verbesserung des Arbeitslebens für Schwerbehinderte/Gleichgestellte (z.B. die Bereitstellung von Arbeitshilfen)	80 n = 35	48 n = 18	94 n = 38
Maßnahmen zur Verbesserung der Situation schwerbehinderter/ gleichgestellter Soldatinnen bzw. Soldaten (z.B. spezifische Sportangebote)	57 n = 25	39 n = 13	85 n = 34
Maßnahmen zur Förderung der Bildung und Ausbildung Schwerbehinderter/Gleichgestellter (z.B. die gezielte Ansprache schwerbehinderter/gleichgestellter Bewerberinnen bzw. Bewerber, Durchführung von Schulungen)	62 n = 26	25 n = 8	85 n = 31
Maßnahmen zur Schaffung barrierefreier Informationstechnik (z.B. „leichte Sprache“ und Gebärdenvideos, geeignete Hard- und Software)	62 n = 28	36 n = 9	87 n = 34

Anmerkung: Einzelne Prozentangaben ergeben mitunter in der Summe nicht 100 Prozent, da sie gerundet wurden.

Datenbasis: Inklusionsstudie des Zentrums für Militärgeschichte und Sozialwissenschaften der Bundeswehr 2018.

Die nichtbehinderten Probandinnen und Probanden, die etwas über den Umsetzungsstand der unterschiedlichen Handlungsfelder sagen konnten, sehen in diesem Punkt den Bereich „Arbeitsleben“ (48 Prozent) vor den Handlungsfeldern „Soldat und Behinderung“ (39 Prozent) und „barrierefreie Informationstechnik“ (36 Prozent). Seltener umgesetzt sind ihrer Wahrnehmung nach die Bereiche „Bildung und Ausbildung“ (25 Prozent) sowie „Bewusstseinsbildung“ (22 Prozent). Die Frage nach der Wichtigkeit der unterschiedlichen Handlungsfelder zeigt auf, dass alle Bereiche von den Nichtbehinderten als wichtig angesehen werden. Wobei der Bereich „Arbeitsleben“ mit 94 Prozent am häufigsten genannt wurde, gefolgt von den Handlungsfeldern „Bewusstseinsbildung“ und „barrierefreie Informationstechnik“ (jeweils 87 Prozent) sowie „Soldat und Behinderung“ und „Bildung und Ausbildung“ (jeweils 85 Prozent).

Die Nichtbehinderten kennen am ehesten die Maßnahmen des Aktionsplans aus dem Bereich „Arbeitsleben“ und nehmen auch deren Umsetzung am häufigsten wahr. Alle fünf Handlungsfelder werden von den Nichtbehinderten als wichtig angesehen.

B Evaluation der Einzelmaßnahmen des Aktionsplans des BMVg

13 Datengrundlage

Die an dieser Stelle der vorliegenden Studie (Teil B) verwendete Stichprobe der Schwerbehinderten und diesen gleichgestellten Behinderten wurde (wie die Stichprobe aus Teil A) ebenfalls als verkleinertes Abbild aller Schwerbehinderten und diesen gleichgestellten Behinderten angelegt. Aus diesem Grund sind die Verteilungen der nachfolgend dargestellten soziodemografischen Merkmale sehr ähnlich zu den dargestellten Verteilungen der ersten Stichprobe der Schwerbehinderten und diesen gleichgestellten Behinderten (vgl. Tabelle 4.1). Auch die zweite Stichprobe der Schwerbehinderten und diesen gleichgestellten Behinderten setzt sich zu 10 Prozent aus Soldatinnen und Soldaten und zu 90 Prozent aus zivilen Mitarbeiterinnen und Mitarbeitern zusammen (vgl. Tabelle 13.1). 66 Prozent sind männlich, 34 Prozent weiblich. Zudem sind sie den höheren Altersgruppen zugehörig: 70 Prozent der schwerbehinderten und diesen gleichgestellten behinderten Menschen in der vorliegenden Stichprobe sind 51 Jahre alt und älter. Das Bildungsniveau ist zu 32 Prozent als gering, zu 44 Prozent als mittel und zu 24 Prozent als hoch zu bezeichnen. Die befragten schwerbehinderten Soldatinnen und Soldaten sind überwiegend Berufssoldaten (83 Prozent) und nur selten Soldaten auf Zeit (17 Prozent). Auch in dieser Befragtengruppe stellen die Unteroffiziere die größte Teilgruppe (59 Prozent), gefolgt von den Offizieren (38 Prozent) und nur sehr wenigen Mannschaften (3 Prozent). Die vorliegende Stichprobe der schwerbehinderten und diesen gleichgestellten behinderten zivilen Mitarbeiterinnen und Mitarbeiter ist überwiegend (76 Prozent) der Gruppe der Arbeitnehmerinnen und Arbeitnehmer (insbesondere der Entgeltgruppen 5 bis 8 und 1 bis 4) zugehörig und insgesamt 24 Prozent sind Beamtinnen und Beamte. Hinsichtlich der Frage, ob eine Vorgesetztenfunktion bekleidet wird, zeigt sich, dass lediglich 23 Prozent der befragten Schwerbehinderten und diesen gleichgestellten Behinderten in einer Vorgesetztenfunktion tätig sind (davon 5 Prozent mit und 18 Prozent ohne Recht zur Beurteilung). 78 Prozent sind nicht in einer Vorgesetztenfunktion tätig.

Die in diesem Teil der Studie verwendete Stichprobe der Schwerbehinderten und diesen gleichgestellten Behinderten ist weitgehend zivil geprägt, männlich, älter, mit mittlerem Bildungsniveau und ohne Vorgesetztenfunktion.

Tabelle 13.1: Soziodemografie der Nichtbehinderten sowie der Schwerbehinderten und diesen gleichgestellten Behinderten

(Angaben in Prozent)	Schwerbehinderte und diesen gleichgestellte Behinderte (Variante B, Modul 2)
Militärisch/Zivil	
Soldatin/Soldat	10
Mitarbeiterin/Mitarbeiter	90
Geschlecht	
Männer	66
Frauen	34
Alter	
bis 20 Jahre	0
21 bis 30 Jahre	3
31 bis 40 Jahre	8
41 bis 50 Jahre	19
51 bis 60 Jahre	55
61 Jahre und älter	15
Bildungsniveau[1]	
Gering	32
Mittel	44
Hoch	24
Statusgruppe	
Berufssoldatinnen und -soldaten	83
Soldatinnen und Soldaten auf Zeit	17
Freiwillig Wehrdienstleistende	0
Dienstgradgruppe	
Stabsoffiziere/Generale/Admirale	22
Offiziere	16
Unteroffiziere m.P.	56
Unteroffiziere o.P.	3
Mannschaften	3
Dienstverhältnis/Entgeltgruppe	
Einfacher Dienst	4
Mittlerer Dienst	10
Gehobener Dienst	7
Höherer Dienst	3
Entgeltgruppe 1–4	19
Entgeltgruppe 5–8	52
Entgeltgruppe 9–12	4
Entgeltgruppe 13–15	1
Auszubildende/Auszubildender	0
Vorgesetztenfunktion	
Ja, mit Recht zur Beurteilung	5
Ja, ohne Recht zur Beurteilung	18
Nein	78

Anmerkungen: Einzelne Prozentangaben ergeben mitunter in der Summe nicht 100 Prozent, da sie gerundet wurden.
1) Gering: Kein Schulabschluss oder Hauptschulabschluss; Mittel: Realschulabschluss; Hoch: Fachhochschulreife oder Hochschulreife.

Datenbasis: Inklusionsstudie des Zentrums für Militärgeschichte und Sozialwissenschaften der Bundeswehr 2018.

Hinsichtlich der im folgenden Abschnitt dargestellten Ergebnisse der Bekanntheit, des Umsetzungsstandes sowie der Bewertung aller Einzelmaßnahmen des Aktionsplans des BMVg ist darauf hinzuweisen, dass das ZMSBw mehrfach darauf aufmerksam gemacht hat, dass eine solch umfangreiche und komplexe Abfrage für eine schriftliche Befragung ungeeignet ist und zu vielfältigen Problemen führen kann. Die vom Aufgabensteller ausdrücklich erbetene Abfrage aller Einzelmaßnahmen im Detail kann zu nicht validem Antwortverhalten bzw. zu „Bewältigungsstrategien" seitens der Befragten führen (z.B. zu sozial erwünschtem Antwortverhalten, Akquieszenz [= inhaltsunabhängige Zustimmungstendenz] oder zur Verwendung von Ankreuzmustern, um die über die Maßen umfangreiche Itemliste abzuarbeiten). Inwiefern solche Strategien bei der Bearbeitung der Fragen zu den Einzelmaßnahmen des Aktionsplans zum Einsatz kamen, lässt sich nicht sagen. Die Sichtprüfung der ausgefüllten Fragebögen ergab jedoch, dass nur sehr wenige Befragte diese Fragen vollständig bearbeitet haben. Häufig wurden nur einzelne Maßnahmen bearbeitet. Zudem blieb die Abfrage des Umsetzungsstands häufig vollkommen unbeantwortet, da sich viele der Befragten in diesem Punkt offenbar keine Antwort zutrauten. Dieser Umstand ist bei der Betrachtung der nachfolgend dargestellten Ergebnisse zu bedenken.

14 Bekanntheit, Umsetzungsstand und Wichtigkeit der Einzelmaßnahmen des Aktionsplans des BMVg

Das erste Handlungsfeld „Bewusstseinsbildung“ umfasst im Aktionsplan des BMVg sechs Einzelmaßnahmen (vgl. Tabelle 14.1). Am ehesten bekannt sind Informationsveranstaltungen und Kampagnen zur Verbesserung des Verständnisses für die Situation behinderter Menschen (23 Prozent) und die Schaffung eines Intranetauftritts in Form einer „Seite der Inklusion“ (16 Prozent). Weniger bekannt sind Maßnahmen, die auf eine für diese Thematik sensibilisierte Organisationskultur hindeuten (13 Prozent), die Bildung von Inklusionsteams auf möglichst vielen Organisationsebenen (12 Prozent) und eine Öffentlichkeitsarbeit zur Prüfung der Vorgaben der UN-Behindertenrechtskonvention in mündlichen und schriftlichen Äußerungen der Bundeswehr (9 Prozent). Am wenigsten bekannt sind Maßnahmen zur Entwicklung von Projekten zur Positionierung der Bundeswehr auf der „Landkarte der inklusiven Beispiele“ des Beauftragten der Bundesregierung für die Belange von Menschen mit Behinderungen (4 Prozent). Der Umsetzungsstand aller sechs Maßnahmen ist insgesamt sehr gering. Die Anteile der Befragten, die angeben, dass Maßnahmen aus dem Handlungsfeld „Bewusstseinsbildung“ in der eigenen Dienststelle umgesetzt wurden, liegen zwischen 3 und 15 Prozent. Allerdings werden alle Maßnahmen als wichtig eingestuft. Hier liegen die Anteile zwischen 77 und 93 Prozent, wobei Bekanntheit und Wichtigkeit korrespondieren. Die bekanntesten Maßnahmen werden auch als die wichtigsten Maßnahmen bewertet.

Die Maßnahmen des Aktionsplans zur Umsetzung des Handlungsfelds „Bewusstseinsbildung“ werden von den Befragten als wichtig eingeschätzt. Allerdings sind sie eher unbekannt und werden bislang nur sehr selten als bereits umgesetzt wahrgenommen.

Tabelle 14.1: Bekanntheit und Bewertung der Einzelmaßnahmen des Aktionsplans BMVg durch Schwerbehinderte und diesen gleichgestellte Behinderte – Bewusstseinsbildung

Der Aktionsplan zur Umsetzung der UN-Behindertenrechtskonvention im Geschäftsbereich des BMVg umfasst eine Vielzahl an Maßnahmen. - **Sind Ihnen die folgenden Maßnahmen, die der Umsetzung der im hauseigenen Aktionsplan benannten Handlungsfelder dienen sollen, bekannt?** - **Wurden die folgenden Maßnahmen in Ihrer Dienststelle umgesetzt?** - **Halten Sie die Umsetzung der folgenden Maßnahmen für sich oder für Ihre schwerbehinderten/gleichgestellten Kollegen/Kameraden für wichtig?**			
(Anteile „Ja" in Prozent und in absoluten Zahlen „n")	**Bekannt**	**Umgesetzt**	**Wichtig**
Handlungsfeld – Bewusstseinsbildung			
(1) Durchführung von Informationsveranstaltungen und Kampagnen zur Verbesserung des Verständnisses für die Situation behinderter Menschen und zur Überführung bisher als Sonderrechte im Sinne des Nachteilsausgleichs interpretierter Maßnahmen in das allgemeine Verständnis	23 n = 152	12 n = 47	93 n = 489
(2) Schaffung eines Intranetauftritts in Form einer „Seite der Inklusion"	16 n = 103	15 n = 50	83 n = 425
(3) Bildung von „Inklusionsteams" auf möglichst vielen Organisationsebenen	12 n = 78	8 n = 27	78 n = 381
(4) Entwicklung von Projekten zur Positionierung der Bundeswehr auf der „Landkarte der inklusiven Beispiele" des Beauftragten der Bundesregierung für die Belange behinderter Menschen	4 n = 28	3 n = 9	77 n = 360
(5) Erkennbare Präsentation der sensibilisierten Organisationskultur durch verstärkte Hinweise auf den Willen, der Vielfalt von Menschen im Arbeitsbereich der Bundeswehr einen Raum zu geben	13 n = 81	13 n = 40	83 n = 391
(6) Öffentlichkeitsarbeit mit der Maßgabe, in abgegebenen Statements bzw. schriftlichen Äußerungen stets zu prüfen, inwieweit auch die Vorgaben der Art. 3 (Grundsätze) und 8 (Verpflichtungskatalog) der UN-Behindertenrechtskonvention in den Präsentationen Berücksichtigung finden können	9 n = 55	9 n = 28	80 n = 376

Datenbasis: Inklusionsstudie des Zentrums für Militärgeschichte und Sozialwissenschaften der Bundeswehr 2018.

Das zweite Handlungsfeld „Arbeitsleben" ist das mit Abstand umfangreichste. Es umfasst im Aktionsplan des BMVg 25 Einzelmaßnahmen (vgl. Tabelle 14.2). Die Bekanntheit der unterschiedlichen Einzelmaßnahmen dieses Handlungsfelds liegt zwischen 11 und 59 Prozent. Fünf Einzelmaßnahmen liegen hinsichtlich der Bekanntheit über 40 Prozent. Hierzu gehören Nr. 24: Einrichtung von Arbeitszeitkonten, Schaffung neuer Teilzeitmodelle und Telearbeitsplätze (59 Prozent), Nr. 30: zielgruppengerechte Modifizierung und Intensivierung von Behindertensportlehrgängen (43 Prozent), Nr. 22: flexible Arbeitsplatzgestaltung für behinderte Menschen (42 Prozent), Nr. 19: bewusste Berücksichtigung der Potenziale der Bewerberinnen bzw. Bewerber durch die Vorgesetzten (41 Prozent) und Nr. 14: barrierefreie Gestaltung und Publikation von Ausschreibungen von Dienstposten (41 Prozent). Am wenigsten bekannt sind die Maßnahmen Nr. 10: Prüfung der Aufnahme „Betreuung von Familien mit behinderten Kindern bzw. behinderter Partnerin/behindertem Partner" in die konzeptionellen Überlegungen zur Weiterentwicklung der Familien-Betreuungsorganisation der Bundeswehr (FBO) (11 Prozent), Nr. 27: Entwicklung und Umsetzung eines sozialen Interaktionsrahmens, der behinderten Menschen zukünftig noch leichter die eigene Wahrnehmung ihrer Interessen gestattet (11 Prozent) und Nr. 11: Weiterentwicklung des Kinderbetreuungsportals zum Betreuungsportal mit Informations- und Unterstützungsangeboten für Bundeswehrangehörige mit Behinderung (13 Prozent). Der Grad der Umsetzung der einzelnen Maßnahmen des Handlungsfelds „Arbeitsleben" variiert in der Wahrnehmung der befragten schwerbehinderten und diesen gleichgestellten behinderten Menschen recht stark (zwischen 5 und 55 Prozent). Es zeigt sich ein Zusammenhang zwischen Bekanntheit und Einschätzung des Umsetzungsstands, denn die Maßnahmen, die am unbekanntesten sind, werden auch am seltensten als umgesetzt wahrgenommen (Nr. 27, 10, 11). Andersherum verhält es sich genauso: die Maßnahmen, die am bekanntesten sind, werden auch am ehesten als umgesetzt empfunden (Nr. 24, 18, 14, 30). Die Wichtigkeit aller 25 Einzelmaßnahmen des Handlungsfelds „Arbeitsleben" wird hoch eingeschätzt. Die Werte liegen zwischen 85 und 98 Prozent.

Den befragten Schwerbehinderten und diesen gleichgestellten Behinderten sind die Einzelmaßnahmen des Handlungsfelds „Arbeitsleben" besonders wichtig, da diese die Selbstständigkeit und Flexibilität der Beschäftigten fördern sollen. Viele der Maßnahmen sind jedoch nur einer Minderheit bekannt und auch die Umsetzung vieler Maßnahmen lässt in der Wahrnehmung der Betroffenen noch zu wünschen übrig.

Tabelle 14.2: Bekanntheit und Bewertung der Einzelmaßnahmen des Aktionsplans BMVg durch Schwerbehinderte und diesen gleichgestellte Behinderte – Arbeitsleben

Der Aktionsplan zur Umsetzung der UN-Behindertenrechtskonvention im Geschäftsbereich des BMVg umfasst eine Vielzahl an Maßnahmen.

- **Sind Ihnen die folgenden Maßnahmen, die der Umsetzung der im hauseigenen Aktionsplan benannten Handlungsfelder dienen sollen, bekannt?**
- **Wurden die folgenden Maßnahmen in Ihrer Dienststelle umgesetzt?**
- **Halten Sie die Umsetzung der folgenden Maßnahmen für sich oder für Ihre schwerbehinderten/gleichgestellten Kollegen/Kameraden für wichtig?**

(Anteile „Ja" in Prozent und in absoluten Zahlen „n")	Bekannt	Umgesetzt	Wichtig
Handlungsfeld – Arbeitsleben			
(7) Bereitstellung von Automatikfahrzeugen durch die BwFPS-GmbH zur Durchführung von Dienstreisen schwerbehinderter Menschen als Selbstfahrerin bzw. Selbstfahrer	24 n = 151	22 n = 69	88 n = 479
(8) Einrichten/Betreiben von einzelnen behindertengerechten Ausbildungs- und Arbeitsplätzen in den ortsfesten Materialerhaltungseinrichtungen der Bundeswehr und den Werken der HIL-GmbH sowie Lagereinrichtungen	30 n = 187	33 n = 93	93 n = 464
(9) Einführung einer flächendeckenden Familien-Betreuungsorganisation der Bundeswehr (FBO)	29 n = 180	36 n = 113	85 n = 425
(10) Prüfung der Aufnahme „Betreuung von Familien mit behinderten Kindern bzw. behinderter Partnerin/behindertem Partner" in die konzeptionellen Überlegungen zur Weiterentwicklung der FBO	11 n = 64	12 n = 30	91 n = 446
(11) Weiterentwicklung des Kinderbetreuungsportals zum Betreuungsportal mit Informations- und Unterstützungsangeboten für Bundeswehrangehörige mit Behinderung	13 n = 75	12 n = 33	89 n = 452
(12) Verbesserung der Mobilität körperlich und/oder geistig behinderter Bw-Angehöriger bzw. Verbesserung der Mobilität körperlich oder geistig stark behinderter Kinder von Bw-Angehörigen bei Vorliegen bestimmter Rahmenbedingungen durch den Einsatz von Dienstfahrzeugen	15 n = 95	13 n = 38	90 n = 463
(13) Intensivere Pflege der Kontakte der Personalabteilungen zur Arbeitsverwaltung, um die Optionen des Arbeitsfeldes Bundeswehr transparent zu machen	16 n = 94	14 n = 40	89 n = 456
(14) Barrierefreie Gestaltung und Publikation von Ausschreibungen von Dienstposten	41 n = 253	39 n = 129	94 n = 504
(15) Integration spezifischer Angebote für behinderte Menschen in öffentliche Präsentationen zu Karrieremöglichkeiten bei der Bundeswehr	24 n = 150	21 n = 65	92 n = 479
(16) Erweiterung der Internetauftritte in den Bereichen „Arbeitsmöglichkeiten/Karriere bei der Bundeswehr" in barrierefreier Form	16 n = 100	14 n = 39	91 n = 452
(17) Ausrichtung von Organisationsplanungen schon bei der Konzeption der Strukturen auf die Einrichtung von Arbeitsplätzen für behinderte Menschen	20 n = 125	15 n = 43	95 n = 496
(18) Führung von Einstellungsgesprächen mit Blick darauf, wie potenzielle Kandidatinnen bzw. Kandidaten mit Handicap ihre spezifischen Fähigkeiten sinnstiftend in die Arbeitsstrukturen der Bundeswehr einbringen können	37 n = 224	40 n = 132	97 n = 508
(19) Bewusste Berücksichtigung der Potenziale der Bewerberinnen bzw. Bewerber durch die Vorgesetzten	41 n = 247	31 n = 104	97 n = 502
(20) Erhöhung der Zahl der Einstellungen behinderter Menschen in allen Altersgruppen	33 n = 200	29 n = 93	87 n = 455
(21) Schaffung eines Klimas, in dem Menschen mit Behinderung vertrauensvoll und angstfrei Einschränkungen artikulieren und einen offenen Dialog pflegen können	39 n = 226	31 n = 116	98 n = 550

Der Aktionsplan zur Umsetzung der UN-Behindertenrechtskonvention im Geschäftsbereich des BMVg umfasst eine Vielzahl an Maßnahmen.

- **Sind Ihnen die folgenden Maßnahmen, die der Umsetzung der im hauseigenen Aktionsplan benannten Handlungsfelder dienen sollen, bekannt?**
- **Wurden die folgenden Maßnahmen in Ihrer Dienststelle umgesetzt?**
- **Halten Sie die Umsetzung der folgenden Maßnahmen für sich oder für Ihre schwerbehinderten/gleichgestellten Kollegen/Kameraden für wichtig?**

(Anteile „Ja“ in Prozent und in absoluten Zahlen „n“)	**Bekannt**	**Umgesetzt**	**Wichtig**
(22) Flexible Arbeitsplatzgestaltung für behinderte Menschen auch mit Blick auf die mit zunehmendem Alter entstehenden Wandlungsprozesse der behinderungsbedingten Einschränkungen	42 n = 243	35 n = 139	97 n = 547
(23) Motivation der behinderten Menschen durch berufliche Weiterentwicklungsmöglichkeiten auch in Leitungspositionen hinein	28 n = 164	16 n = 55	95 n = 512
(24) Einrichtung von Arbeitszeitkonten sowie Schaffung neuer Teilzeitmodelle und Telearbeitsplätze	59 n = 367	55 n = 227	96 n = 531
(25) Verstärkte Anerkennung und Würdigung des höheren Engagements behinderter Menschen bei der Beurteilung der Arbeitsqualität gegenüber Menschen ohne Behinderung durch die Anpassung bzw. Herausgabe von Erlassen und Regelungen	26 n = 151	14 n = 50	90 n = 507
(26) Verbesserung der Qualität von Anhörungen und Beteiligungen der Interessenvertretungen bei Belangen, die behinderte Menschen betreffen, im Sinne einer neuen Kultur der Selbstverpflichtung von jeder Führungskraft in einer inklusiven Gesellschaft	28 n = 165	25 n = 83	93 n = 485
(27) Entwicklung und Umsetzung eines sozialen Interaktionsrahmens, der behinderten Menschen zukünftig noch leichter die eigene Wahrnehmung ihrer Interessen gestattet	11 n = 60	5 n = 14	85 n = 423
(28) Konzeption des Ausstattungssolls von Arbeits-/ Büroräumen oder Unterkünften mit Blick auf eine präventive Vorausbeschaffung barrierefreier Einrichtung auch ohne jeweils konkreten Individualbedarf	32 n = 184	23 n = 86	90 n = 481
(29) Vereinfachte Nutzung von Zuschüssen und Leistungen für behinderte Menschen von externen Organisationen/Trägern	24 n = 141	14 n = 47	94 n = 495
(30) Zielgruppengerechte Modifizierung und Intensivierung von Behindertensportlehrgängen	43 n = 255	38 n = 144	88 n = 465
(31) Aufbau neuer Strukturen eines ganzheitlichen Gesundheitsmanagements	38 n = 222	37 n = 133	94 n = 501

Datenbasis: Inklusionsstudie des Zentrums für Militärgeschichte und Sozialwissenschaften der Bundeswehr 2018.

Das dritte Handlungsfeld „Soldat und Behinderung“ umfasst im Aktionsplan des BMVg lediglich zwei Einzelmaßnahmen (vgl. Tabelle 14.3). Jeweils drei von zehn (28 bzw. 25 Prozent) der befragten Schwerbehinderten und diesen gleichgestellten Behinderten geben an, dass ihnen Maßnahmen zur Prüfung der Anwendbarkeit des „Betrieblichen Eingliederungsmanagements (BEM)“ auch für Soldatinnen und Soldaten sowie die Einführung eines Lehrgangs „Sporttherapie für Einsatzgeschädigte“ zur Erleichterung des Lebens mit der Behinderung bekannt sind. Dass diese Maßnahmen bereits in der eigenen Dienststelle umgesetzt wurden, bejahen jeweils 31 Prozent der Befragten. Auch diese Maßnahmen werden wieder als sehr wichtig eingeschätzt. Jeweils neun von zehn der Schwerbehinderten und diesen gleichgestellten Behinderten finden diese Maßnahmen wichtig.

Tabelle 14.3: Bekanntheit und Bewertung der Einzelmaßnahmen des Aktionsplans BMVg durch Schwerbehinderte und diesen gleichgestellte Behinderte – Soldat und Behinderung

Der Aktionsplan zur Umsetzung der UN-Behindertenrechtskonvention im Geschäftsbereich des BMVg umfasst eine Vielzahl an Maßnahmen. - **Sind Ihnen die folgenden Maßnahmen, die der Umsetzung der im hauseigenen Aktionsplan benannten Handlungsfelder dienen sollen, bekannt?** - **Wurden die folgenden Maßnahmen in Ihrer Dienststelle umgesetzt?** - **Halten Sie die Umsetzung der folgenden Maßnahmen für sich oder für Ihre schwerbehinderten/gleichgestellten Kollegen/Kameraden für wichtig?**			
(Anteile „Ja" in Prozent und in absoluten Zahlen „n")	**Bekannt**	**Umgesetzt**	**Wichtig**
Handlungsfeld – Soldat und Behinderung			
(32) Prüfung der Anwendbarkeit des „Betrieblichen Eingliederungsmanagements (BEM)" auch auf Soldatinnen bzw. Soldaten	28 n = 120	31 n = 67	89 n = 335
(33) Einführung eines Lehrgangs „Sporttherapie für Einsatzgeschädigte" zur Erleichterung des „Lebens mit der Behinderung"	25 n = 107	31 n = 68	93 n = 358

Datenbasis: Inklusionsstudie des Zentrums für Militärgeschichte und Sozialwissenschaften der Bundeswehr 2018.

Die beiden Einzelmaßnahmen zum Handlungsfeld „Soldat und Behinderung" sowie ihre Umsetzung in der eigenen Dienststelle sind jeweils drei von zehn Befragten bekannt. Neun von zehn bewerten sie als wichtig. Auch in diesem spezifischen Handlungsfeld, das sich gezielt an die schwerbehinderten und diesen gleichgestellten behinderten Soldatinnen und Soldaten in der Bundeswehr richtet, ist aus Sicht der Befragten noch ein erheblicher Bedarf vorhanden, die Bekanntheit und Umsetzung dieser Maßnahmen innerhalb der Bundeswehr zu verbessern.

Das vierte Handlungsfeld „Bildung und Ausbildung" umfasst im Aktionsplan des BMVg zehn Einzelmaßnahmen (vgl. Tabelle 14.4). Die Bekanntheit der unterschiedlichen Maßnahmen liegt zwischen 8 und 20 Prozent. Die bekanntesten Maßnahmen sind die Ausbildung für hör- oder sehbehinderte Menschen (20 Prozent), das Interesse der Bundeswehr, auch behinderte Menschen ausbilden und bevorzugt einstellen zu wollen (19 Prozent), das Auftreten der Bundeswehr gegenüber behinderten Bewerberinnen und Bewerbern, die eine Ausbildung oder ein Studium ergreifen wollen (18 Prozent) und Maßnahmen zur transparenten und bewussten Darstellung der Barrierefreiheit in den Ausbildungs- und Bildungseinrichtungen (17 Prozent). Weniger bekannt sind Einzelmaßnahmen zur Gestaltung von Werbebroschüren mit besonderem Augenmerk auf behinderte Menschen und Bewerbungsverfahren (14 Prozent), Kooperationen der Bundeswehr mit externen Bildungsträgern (12 Prozent), die gezielte Ansprache von behinderten Menschen zur Mitarbeit (11 Prozent), die gezielte Wahrnehmung und Förderung von Einzelkompetenzen behinderter Menschen (10 Prozent), die Erweiterung des Angebots an Praktikumsplätzen für behinderte Jugendliche oder Schüler (9 Prozent) und Schulungen zur Vorbereitung auf spezifische Situationen der Interaktion mit behinderten Menschen (8 Prozent). Der Umsetzungsstand auch dieser Einzelmaßnahmen wird als gering bezeichnet. Zwischen 5 und 22 Prozent der Befragten geben an, dass ihnen bekannt ist, dass Einzelmaßnahmen dieses Handlungsfelds in der eigenen Dienststelle bereits umgesetzt wurden. Die Wichtigkeit der Maßnahmen wird hingegen wieder sehr hoch eingeschätzt (zwischen 81 und 94 Prozent).

Tabelle 14.4: Bekanntheit und Bewertung der Einzelmaßnahmen des Aktionsplans BMVg durch Schwerbehinderte und diesen gleichgestellte Behinderte – Bildung und Ausbildung

Der Aktionsplan zur Umsetzung der UN-Behindertenrechtskonvention im Geschäftsbereich des BMVg umfasst eine Vielzahl an Maßnahmen.

- **Sind Ihnen die folgenden Maßnahmen, die der Umsetzung der im hauseigenen Aktionsplan benannten Handlungsfelder dienen sollen, bekannt?**
- **Wurden die folgenden Maßnahmen in Ihrer Dienststelle umgesetzt?**
- **Halten Sie die Umsetzung der folgenden Maßnahmen für sich oder für Ihre schwerbehinderten/gleichgestellten Kollegen/Kameraden für wichtig?**

(Anteile „Ja" in Prozent und in absoluten Zahlen „n")	Bekannt	Umgesetzt	Wichtig
Handlungsfeld – Bildung und Ausbildung			
(34) Signalwirkung von öffentlichen Auftritten des Arbeitgebers Bundeswehr gegenüber behinderten Bewerberinnen bzw. Bewerbern, die eine Ausbildung oder ein Studium ergreifen wollen	18 n = 101	17 n = 46	88 n = 425
(35) Erklärung des Interesses der Bundeswehr in Karrieregesprächen an Schulen und Karrierecentern an der Bereitschaft, auch behinderte Menschen ausbilden und bevorzugt einstellen zu wollen	19 n = 104	20 n = 53	89 n = 446
(36) Für jedermann verständliche Gestaltung von Werbebroschüren mit besonderem Augenmerk auf behinderte Menschen und Bewerbungsverfahren	14 n = 74	13 n = 34	81 n = 389
(37) Transparente und bewusste Darstellung der Barrierefreiheit in den Ausbildungs- und Bildungseinrichtungen	17 n = 93	18 n = 48	90 n = 433
(38) Ausbildung auch für gehörlose oder hörgeminderte sowie für sehbehinderte Menschen bei Bedarf durch Schaffung von speziellen Vorkehrungen	20 n = 105	22 n = 58	92 n = 457
(39) Erweiterung des Angebotes an Praktikumsplätzen für behinderte Jugendliche oder Schülerinnen bzw. Schüler	9 n = 47	7 n = 17	88 n = 429
(40) Gezielte Ansprache von behinderten Menschen zur Mitarbeit. Bereitstellung von Ausbildungsplätzen für Jugendliche in den Ausbildungswerkstätten der Bw	11 n = 59	8 n = 21	89 n = 421
(41) Durchführung von Schulungen von Dozentinnen bzw. Dozenten, Lehrkräften und Ausbilderinnen bzw. Ausbildern zur Vorbereitung auf die spezifische Situation der Interaktion mit behinderten Menschen. Einbringung der Thematik in die Führungslehrgänge	8 n = 42	5 n = 12	94 n = 453
(42) Gezielte Wahrnehmung und Förderung von Einzelkompetenzen behinderter Menschen in den Ausbildungen, Schulungen und Studiengängen	10 n = 55	5 n = 11	94 n = 453
(43) Nutzung des Sachverstandes externer Bildungsträger bei Umsetzungsschwierigkeiten	12 n = 66	9 n = 22	89 n = 423

Datenbasis: Inklusionsstudie des Zentrums für Militärgeschichte und Sozialwissenschaften der Bundeswehr 2018.

Von dem Ziel, zu einem attraktiven Ausbildungszentrum und Bildungsträger für schwerbehinderte und diesen gleichgestellte behinderte Menschen zu werden, ist die Bundeswehr aus Sicht der Befragten noch weit entfernt. Die Einzelmaßnahmen sind weder bekannt noch werden sie als bereits umgesetzt wahrgenommen.

Das fünfte Handlungsfeld „barrierefreie Informationstechnik“ umfasst im Aktionsplan des BMVg sechs Einzelmaßnahmen (vgl. Tabelle 14.5). Die Bekanntheit der unterschiedlichen Maßnahmen liegt zwischen 5 und 22 Prozent. Die bekanntesten Maßnahmen sind die kurzfristige Bereitstellung von barrierefreier IT-Technik (22 Prozent) sowie die Verbreitung des Informationsangebots in „leichter Sprache“ (16 Prozent). Weniger bekannt sind die Maßnahmen zur Weiterentwicklung der Onlinemedien der Bundeswehr (9 Prozent), der Ausbau des Angebots an Gebärdenvideos (7 Prozent), die barrierefreie Gestaltung der Onlinemedien in der Informationsarbeit (7 Prozent) sowie das Ergänzen von Audiodeskriptionen und Untertiteln bei Videos (5 Prozent). Die Umsetzung der Einzelmaßnahmen nehmen auch in diesem Handlungsfeld nur wenige Befragte wahr (zwischen 6 und 21 Prozent) und die Wichtigkeit wird auch in diesem Handlungsfeld sehr hoch bewertet (zwischen 82 und 95 Prozent).

Das Ziel, barrierefreie Informationstechnik in der Bundeswehr kurzfristig bereitzustellen oder vorzuhalten, ist bislang nicht erreicht. Die entsprechenden Einzelmaßnahmen dieses Handlungsfelds sind den Befragten überwiegend unbekannt und auch der Umsetzungsstand ist in der Wahrnehmung der Befragten sehr gering.

Tabelle 14.5: Bekanntheit und Bewertung der Einzelmaßnahmen des Aktionsplans BMVg durch Schwerbehinderte und diesen gleichgestellte Behinderte – Barrierefreie Informationstechnik

Der Aktionsplan zur Umsetzung der UN-Behindertenrechtskonvention im Geschäftsbereich des BMVg umfasst eine Vielzahl an Maßnahmen. - **Sind Ihnen die folgenden Maßnahmen, die der Umsetzung der im hauseigenen Aktionsplan benannten Handlungsfelder dienen sollen, bekannt?** - **Wurden die folgenden Maßnahmen in Ihrer Dienststelle umgesetzt?** - **Halten Sie die Umsetzung der folgenden Maßnahmen für sich oder für Ihre schwerbehinderten/gleichgestellten Kollegen/Kameraden für wichtig?**			
(Anteile „Ja“ in Prozent und in absoluten Zahlen „n“)	**Bekannt**	**Umgesetzt**	**Wichtig**
Handlungsfeld – Barrierefreie Informationstechnik			
(44) Technische Umsetzung der abschließenden funktionalen Forderung und Realisierungsgenehmigung (AFReG) für die technische Weiterentwicklung der Onlinemedien Bundeswehr (TWEOBw) vom 23.05.2012	9 n = 46	11 n = 23	82 n = 315
(45) Kurzfristige Bereitstellung von barrierefreier IT-Technik. Vorhalten von geeigneten IT-Ausstattungen für behinderte Menschen an Schulen/Einrichtungen für Lehrgänge und Auswahlverfahren sowie vollständige Barrierefreiheit bei der Gestaltung von Intranet-Inhalten	22 n = 118	21 n = 56	95 n = 441
(46) Verbreiterung des Informationsangebotes in „leichter Sprache“ für ausgewählte Artikel/Informationsangebote	16 n = 83	14 n = 36	83 n = 365
(47) Ausbau des Angebotes an Gebärdenvideos für ausgewählte Informationsbereiche	7 n = 35	7 n = 16	84 n = 365
(48) Sukzessive Ergänzung von Audiodeskriptionen und Untertiteln bei Videos, sobald die technischen Voraussetzungen für diese Funktionalitäten in der Medienverwaltung gegeben sind	5 n = 28	6 n = 14	86 n = 367
(49) Barrierefreie Gestaltung der Onlinemedien der Informationsarbeit nach den Vorgaben der BITV. Unterstützung durch entsprechende Qualitätssicherungsmaßnahmen	7 n = 35	9 n = 18	86 n = 352

Datenbasis: Inklusionsstudie des Zentrums für Militärgeschichte und Sozialwissenschaften der Bundeswehr 2018.

Die Evaluation der 49 Einzelmaßnahmen des Aktionsplans zur Umsetzung der UN-Behindertenrechtskonvention im Geschäftsbereich des BMVg hat ergeben, dass viele Maßnahmen eher unbekannt sind. Die Anteile derjenigen, die angeben, dass ihnen Einzelmaßnahmen bekannt sind, liegen zwischen 4 und 59 Prozent, wobei nur fünf der insgesamt 49 Einzelmaßnahmen über 40 Prozent der Befragten bekannt sind. Im Durchschnitt sind die Einzelmaßnahmen 21 Prozent der Probandinnen und Probanden bekannt. Die bekanntesten Einzelmaßnahmen stammen aus dem Bereich „Arbeitsleben“. Es sind Nr. 24: Einrichtung von Arbeitszeitkonten, Schaffung neuer Teilzeitmodelle und Telearbeitsplätze (59 Prozent), Nr. 30: zielgruppengerechte Modifizierung und Intensivierung von Behindertensportlehrgängen (43 Prozent) und Nr. 22: flexible Arbeitsplatzgestaltung für behinderte Menschen (42 Prozent). Die unbekanntesten Einzelmaßnahmen stammen aus den Bereichen „Bewusstseinsbildung“ und „barrierefreie Informationstechnik“.

Auch der Umsetzungsstand der Einzelmaßnahmen des Aktionsplans wird häufig als gering wahrgenommen. Die Anteile derjenigen, die angeben, ihnen sei bekannt, dass die Einzelmaßnahmen in der eigenen Dienststelle bereits umgesetzt wurden, liegen zwischen 3 und 55 Prozent, wobei nur zwei der insgesamt 49 Einzelmaßnahmen von 40 Prozent und mehr als bereits umgesetzt bezeichnet wurden. Hierbei handelt es sich um Nr. 24: Einrichtung von Arbeitszeitkonten, Schaffung neuer Teilzeitmodelle und Telearbeitsplätze (55 Prozent) und Nr. 18: Führung von Einstellungsgesprächen mit Blick darauf, wie potenzielle Kandidatinnen und Kandidaten mit Behinderung ihre spezifischen Fähigkeiten sinnstiftend in die Arbeitsstrukturen der Bundeswehr einbringen können (40 Prozent). Auch hier finden sich die Einzelmaßnahmen, die am seltensten als bereits umgesetzt wahrgenommen werden, in den Handlungsfeldern „Bewusstseinsbildung“ und „barrierefreie Informationstechnik“. Durchschnittlich liegt der wahrgenommene Umsetzungsstand aller 49 Einzelmaßnahmen bei 19 Prozent.

Die Bewertung der Wichtigkeit der Einzelmaßnahmen des Aktionsplans variiert zwischen 77 und 98 Prozent. Im Durchschnitt wurden die Maßnahmen zu 89 Prozent als wichtig angesehen. Die Maßnahmen aus dem Handlungsfeld „Arbeitsleben“ wurden als die wichtigsten Aspekte bewertet. Hier handelt es sich um die Nr. 21: Schaffung eines Klimas, in dem Menschen mit Behinderung vertrauensvoll und angstfrei Einschränkungen artikulieren und einen offenen Dialog pflegen können (98 Prozent), Nr. 18: Führung von Einstellungsgesprächen mit Blick darauf, wie potenzielle Kandidatinnen und Kandidaten mit Handicap ihre spezifischen Fähigkeiten sinnstiftend in die Arbeitsstrukturen der Bundeswehr einbringen können (97 Prozent), Nr. 22: flexible Arbeitsplatzgestaltung für behinderte Menschen (97 Prozent) und Nr. 19: bewusste Berücksichtigung der Potenziale der Bewerberinnen und Bewerber durch die Vorgesetzten (97 Prozent). Lediglich zwei der insgesamt 49 Einzelmaßnahmen wurden von weniger als 80 Prozent der Befragten als wichtig bewertet. Dies betrifft Nr. 4: Entwicklung von Projekten zur Positionierung der Bundeswehr auf der „Landkarte der inklusiven Beispiele“ des Beauftragten der Bundesregierung für die Belange von Menschen mit Behinderungen (77 Prozent) und Nr. 3: Bildung von „Inklusionsteams“ auf möglichst vielen Organisationsebenen (78 Prozent).

Viele Einzelmaßnahmen des Aktionsplans sind den befragten Schwerbehinderten und diesen gleichgestellten Behinderten eher unbekannt und werden in der eigenen Dienststelle nur selten als bereits umgesetzt wahrgenommen. Bekannt und als umgesetzt wahrgenommen werden eher allgemeine und bereits seit Längerem etablierte Maßnahmen (z.B. flexible Arbeitszeitmodelle), wohingegen sehr spezifische Aspekte (z.B. die Landkarte der inklusiven Beispiele oder barrierefreie IT) weder bekannt sind noch als umgesetzt wahrgenommen werden. Einigkeit besteht bei den Befragten darüber, dass alle beschriebenen Einzelmaßnahmen des Aktionsplans wichtig sind, insbesondere solche, die auf Chancengerechtigkeit im Arbeitsleben fokussieren.

Im Anschluss an die Frage nach der Bekanntheit, dem Umsetzungsstand und der Bewertung der Einzelmaßnahmen des Aktionsplans des BMVg wurden die Schwerbehinderten und diesen gleichgestellten Behinderten gebeten anzugeben, wie zufrieden sie insgesamt mit den Maßnahmen zur Umsetzung der UN-Behindertenrechtskonvention im eigenen Arbeitsbereich sind. Die Ergebnisse zeigen, dass insgesamt nur 16 Prozent der Befragten damit zufrieden sind (davon 3 Prozent „sehr zufrieden“ und 13 Prozent „eher zufrieden“) (vgl. Abbildung 14.1). 28 Prozent geben an, dass sie teils zufrieden, teils unzufrieden sind, und 36 Prozent sind insgesamt unzufrieden (davon 9 Prozent „sehr unzufrieden“ und 27 Prozent „eher unzufrieden“). Beachtlich ist auch der Anteil der Personen, die sich zu dieser Frage keine Antwort zutrauen (20 Prozent). Dieses Ergebnis bestätigt die zuvor aufgestellte Annahme, dass es noch einen großen Informationsbedarf zu den Einzelmaßnahmen des Aktionsplans des BMVg gibt. Die differenzierte Betrachtung zwischen den schwerbehinderten und diesen gleichgestellten behinderten Soldatinnen und Soldaten bzw. Mitarbeiterinnen und Mitarbeitern zeigt keine großen und keine statistisch signifikanten Unterschiede auf. Insgesamt zeigen sich die schwerbehinderten und diesen gleichgestellten behinderten Soldatinnen und Soldaten etwas unzufriedener (42 Prozent) mit den Maßnahmen zur Umsetzung der UN-BRK als die zivilen Mitarbeiterinnen und Mitarbeiter (36 Prozent).

Abbildung 14.1: Zufriedenheit mit den Maßnahmen im eigenen Arbeitsbereich

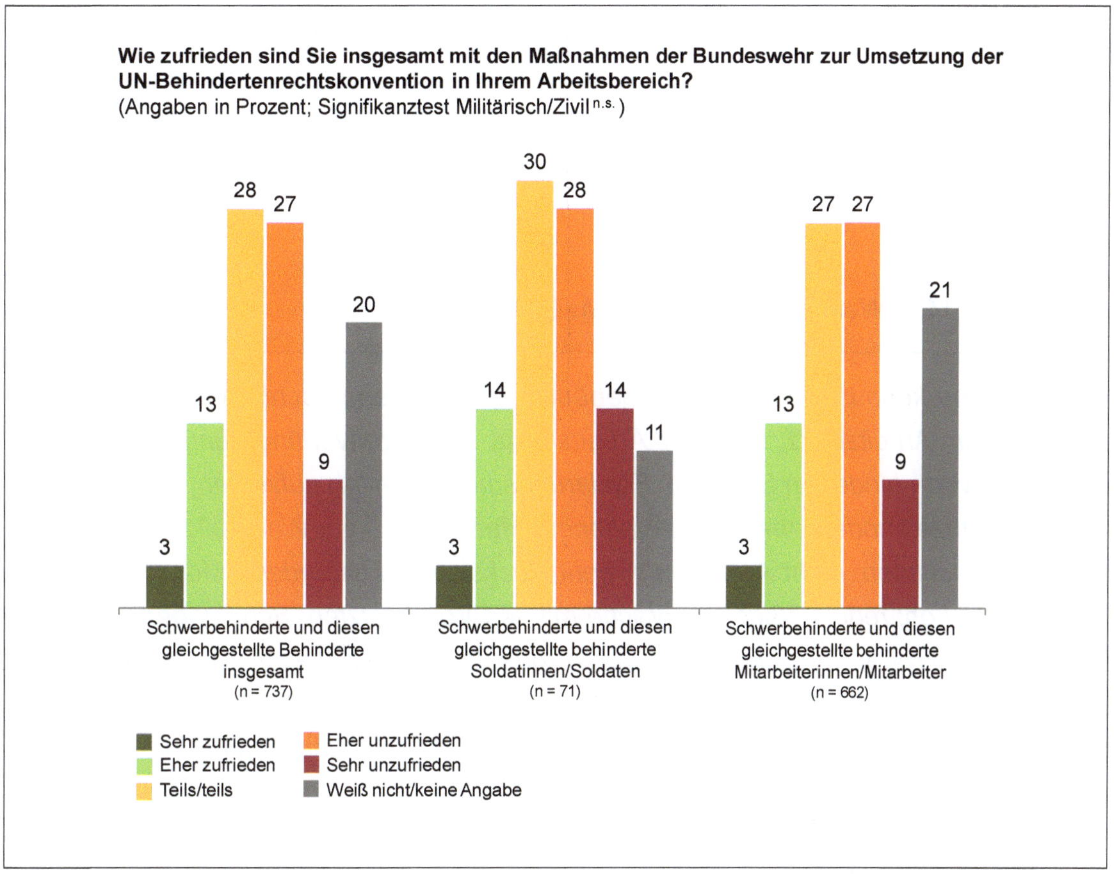

Datenbasis: Inklusionsstudie des Zentrums für Militärgeschichte und Sozialwissenschaften der Bundeswehr 2018.

Die Schwerbehinderten und diesen gleichgestellten Behinderten sind nur zum Teil oder überhaupt nicht zufrieden mit den ergriffenen Maßnahmen zur Umsetzung der UN-Behindertenrechtskonvention im eigenen Arbeitsbereich.

Anschließend konnten die Schwerbehinderten und diesen gleichgestellten Behinderten noch bis zu drei offene Nennungen auf die Frage abgeben, welche weiteren Maßnahmen sie sich in Ergänzung zu den bereits abgefragten Handlungsfeldern für ihren Arbeitsbereich bzw. den Geschäftsbereich des BMVg wünschen. Dies führte zu über 500 Nennungen. Die nachfolgend dargestellten Antworten stellen eine Auswahl der am häufigsten genannten Aspekte dar (vgl. Abbildung 14.2). Die Nennungen unterscheiden sich nur sehr geringfügig von den offenen Nennungen der Schwerbehinderten und diesen gleichgestellten Behinderten aus Teil A (vgl. Abbildungen 12.2 und 12.3). Häufig genannt werden Aspekte wie Anerkennung und Akzeptanz sowie Würdigung der Leistungen durch Vorgesetzte sowie Kameradinnen und Kameraden bzw. Kolleginnen und Kollegen. In diesem Zusammenhang wird häufig betont, dass es an Informationen und speziellen Schulungen, die das Bewusstsein für die Bedürfnisse der Schwerbehinderten und diesen gleichgestellten Behinderten fördern könnten, mangelt. Auch der Aspekt Barrierefreiheit wird benannt. Gewünscht werden Maßnahmen, um Gebäude besser erreichen und betreten zu können, sowie behindertengerechte Parkplätze und Toiletten. Hinzu kommt vielfach der Wunsch nach behindertengerechter Ausstattung des Arbeitsplatzes sowohl mit Mobiliar als auch IT-Technik. Schließlich ist den Schwerbehinderten und diesen gleichgestellten Behinderten wichtig anzumerken, dass Maßnahmen zur Chancengerechtigkeit und Karriereförderung vermisst werden.

Abbildung 14.2: Weitere gewünschte Maßnahmen

„... Anerkennung; barrierefreie Gebäude; behindertengerechte Ausstattung am Arbeitsplatz; besseres Arbeitsklima; Dienstzeitverlängerung bei schwerbehinderten Soldaten; Förderungsmöglichkeiten aufzeigen; flexible Arbeitszeitmodelle; mehr Informationen; Maßnahmen zur Weiterbildung von Vorgesetzten; mehr Aufklärung; mehr Rücksicht auf behinderte Menschen; mehr Lob; regelmäßige Gespräche mit den Vorgesetzten; Schulungen der Führungskräfte; Sensibilisierung von Vorgesetzten und Kollegen; Weiterbildung der Schwerbehinderten; stärkere Würdigung der Leistungen; Wertschätzung; vereinfachte Beschaffung behindertengerechter Ausstattung; Rücksichtnahme; Beseitigung von Hindernissen im Arbeitsleben; mehr Schwerbehinderte einstellen; Transparenz bei Auswahlverfahren; individuelle Karriereplanung; Automatikfahrzeuge; behindertengerechte Toiletten und Parkplätze; Zusammenarbeit mit Schwerbehindertenvertretung verbessern; mehr Akzeptanz ...“

Datenbasis: Inklusionsstudie des Zentrums für Militärgeschichte und Sozialwissenschaften der Bundeswehr 2018.

Auch für diese Frage wurde im Anschluss an die erste grobe Auswertung der offenen Nennungen eine quantitative Inhaltsanalyse durchgeführt (vgl. Abbildung 14.3). Die Codierung der offenen Nennungen der schwerbehinderten und diesen gleichgestellten behinderten Menschen ergab für die Frage nach weiteren gewünschten Maßnahmen, die umgesetzt werden sollten, dass sich 20 Prozent der Befragten mehr Anerkennung und Akzeptanz sowie verpflichtende Schulungen für Vorgesetzte wünschen. Weitere Nennungen entfielen auf die Aspekte Karrieremöglichkeiten und Chancengerechtigkeit (17 Prozent) sowie Informations-, Fort- und Weiterbildungsangebote oder Sportangebote speziell für Schwerbehinderte und diesen gleichgestellte Behinderte (15 Prozent). Zudem wünschen sich die Befragten Informationen zur UN-Behindertenrechtskonvention, zum Thema Inklusion allgemein sowie zum Umsetzungsstand von Inklusion in der Bundeswehr (12 Prozent). Weitere offene Nennungen entfielen auf die Bereitstellung von Hilfsmitteln und den Aspekt Barrierefreiheit (jeweils 8 Prozent), auf flexible Arbeitszeitmodelle (7 Prozent), behindertengerechte Ausstattung des Arbeitsplatzes (Mobiliar und Technik) (6 Prozent), Sonstiges (5 Prozent) und behindertengerechte Parkplätze oder Toiletten (2 Prozent).

Abbildung 14.3: Weitere gewünschte Maßnahmen

Welche weiteren Maßnahmen würden Sie sich in Ergänzung zu den bereits abgefragten Handlungsfeldern noch für Ihren Arbeitsbereich bzw. den Geschäftsbereich des BMVg wünschen? Bitte nennen Sie bis zu drei Maßnahmen, die Ihnen besonders wichtig sind.
(Anteile in Prozent, Mehrfachnennungen möglich, Anzahl Nennungen von Schwerbehinderten/Gleichgestellten: n = 218)

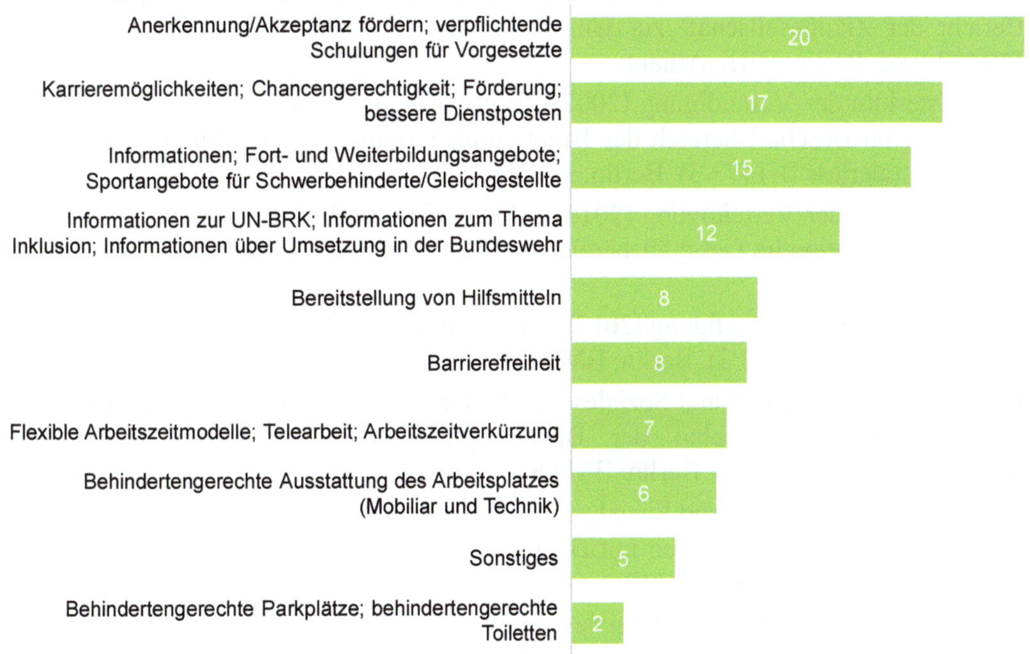

Datenbasis: Inklusionsstudie des Zentrums für Militärgeschichte und Sozialwissenschaften der Bundeswehr 2018.

Literaturverzeichnis

Aichele, Valentin (2019): Eine Dekade UN-Behindertenrechtskonvention in Deutschland. In: Aus Politik und Zeitgeschichte 69: 6–7, 4–10.

Beauftragte der Bundesregierung für die Belange von Menschen mit Behinderungen (2017): Die UN-Behindertenrechtskonvention. Übereinkommen der Vereinten Nationen über die Rechte von Menschen mit Behinderungen. Berlin: Beauftragte der Bundesregierung für die Belange von Menschen mit Behinderungen.

BRK-Allianz (2013): Für Selbstbestimmung, gleiche Rechte, Barrierefreiheit, Inklusion! Erster Bericht der Zivilgesellschaft zur Umsetzung der UN-Behindertenrechtskonvention in Deutschland, Berlin: BRK-Allianz.

Bundesministerium der Verteidigung (2007): Erlass über die Fürsorge für schwerbehinderte Menschen im Geschäftsbereich des Bundesministeriums der Verteidigung (Fürsorgeerlass) (Zentralerlass B-1473/3). Berlin: BMVg.

Bundesministerium der Verteidigung (2014): Aktionsplan zur Umsetzung der UN-Behindertenrechtskonvention im Geschäftsbereich des Bundesministeriums der Verteidigung. Berlin: BMVg.

Bundesministerium der Verteidigung (2017): Inklusion schwerbehinderter Menschen (Zentrale Dienstvorschrift A-1473/3). Berlin: BMVg.

Bundesministerium für Arbeit und Soziales (2011): Unser Weg in eine inklusive Gesellschaft. Der Nationale Aktionsplan der Bundesregierung zur Umsetzung der UN-Behindertenrechtskonvention. Berlin: BMAS.

Bundesministerium für Arbeit und Soziales (2013): Teilhabebericht der Bundesregierung über die Lebenslagen von Menschen mit Beeinträchtigungen. Teilhabe – Beeinträchtigung – Behinderung. Bonn: BMAS.

Bundesministerium für Arbeit und Soziales (2014): Evaluation des Nationalen Aktionsplans der Bundesregierung zur Umsetzung der UN-Behindertenrechtskonvention. Abschlussbericht. Berlin: BMAS.

Bundesministerium für Arbeit und Soziales (2017): Leitfaden zur konsequenten Einbeziehung der Belange von Menschen mit Behinderungen (Disability Main-streaming), Berlin: BMAS.

Bundesministerium für Arbeit und Soziales (2018): Zwischenbericht zum Nationalen Aktionsplan zur UN-Behindertenrechtskonvention. Berlin: BMAS.

Ernst-Zettl, Christiane (2017): Von der Integration zur Inklusion. Sanitätssoldat mit Schwerbehinderung zum Berufssoldaten ernannt. In: Die Bundeswehr April, 44.

Hauptschwerbehindertenvertretung beim Bundesministerium der Verteidigung (2016): Ergebnisse der Befragung der Vertrauenspersonen der Schwerbehinderten vom Dezember 2015 durch die HSchwbV zur Umsetzung des Aktionsplans.

Hauptschwerbehindertenvertretung beim Bundesministerium der Verteidigung (o.J.): Aktionsplan Umsetzung der UN-Konvention. Rechte von Menschen mit Behinderung – Inklusion realisieren.

Klein, Ferdinand (2018): Mit Janusz Korczak Inklusion gestalten. Göttingen: Vandenhoeck & Ruprecht.

Steinbrecher, Markus/Biehl, Heiko/Graf, Timo (2018): Sicherheits- und Verteidigungspolitisches Meinungsklima in der Bundesrepublik Deutschland. Ergebnisse und Analysen der Bevölkerungsbefragung 2018. Forschungsbericht 118. Potsdam: ZMSBw.

Anhang

Fragebogen Nichtbehinderte (A)

Fragebogen Inklusionsstudie 2018

Diese Untersuchung wird im Auftrag und mit Genehmigung des BMVg durchgeführt. Reg.-Nr. 1/11/18. Die Teilnahme ist anonym und freiwillig.

Hinweise zum Ausfüllen: ☐☐☐☐

Bitte nicht ausfüllen

- Bitte nur einen schwarzen oder blauen Kugelschreiber zum Ausfüllen verwenden.
- Bitte kreuzen Sie Ihre Antworten in dem dafür vorgesehenen Kästchen ☒ an.
- Falls Sie eine Frage nicht beantworten wollen oder können, lassen Sie das entsprechende Feld frei.

01 Haben Sie schon einmal den Begriff Inklusion gehört?

☐ ja ☐ nein

02 Wie würden Sie Ihre Vorstellungen von dem Begriff Inklusion beschreiben?

01 Ich habe ganz konkrete Vorstellungen und glaube auch, dass diese richtig sind. ☐
02 Ich habe konkrete Vorstellungen, weiß aber nicht, ob diese richtig sind. ☐
03 Ich habe ein paar allgemeine Vorstellungen, weiß aber nichts Genaues. ☐
04 Ich kann mir unter dem Begriff überhaupt nichts Konkretes vorstellen. ☐

03 Haben Sie schon einmal den Begriff Barrierefreiheit gehört?

☐ ja ☐ nein

04 Wie würden Sie Ihre Vorstellungen von dem Begriff Barrierefreiheit beschreiben?

01 Ich habe ganz konkrete Vorstellungen und glaube auch, dass diese richtig sind. ☐
02 Ich habe konkrete Vorstellungen, weiß aber nicht, ob diese richtig sind. ☐
03 Ich habe ein paar allgemeine Vorstellungen, weiß aber nichts Genaues. ☐
04 Ich kann mir unter dem Begriff überhaupt nichts Konkretes vorstellen. ☐

05 Gibt es in Ihrer Dienststelle schwerbehinderte/gleichgestellte zivile Mitarbeiterinnen bzw. Mitarbeiter oder Soldatinnen bzw. Soldaten?

01 ja ☐
02 nein ☐
03 ist mir nicht bekannt ☐

06 Sind in Ihrer Dienststelle schwerbehinderte/gleichgestellte zivile Mitarbeiterinnen bzw. Mitarbeiter oder Soldatinnen bzw. Soldaten in Vorgesetztenfunktion tätig?

01 ja ☐
02 nein ☐
03 ist mir nicht bekannt ☐

07 Sind Sie selbst schwerbehindert oder gleichgestellt? (Angabe freiwillig)

01 Ja, ich bin schwerbehindert → **Bitte weiter mit Frage 08** ☐
02 Ja, ich bin gleichgestellt → **Bitte weiter mit Frage 08** ☐
03 Nein → **Bitte weiter mit Frage 15** ☐

08 Ist Ihre Behinderung in Ihrem beruflichen Umfeld bekannt?

01 ja, allgemein bekannt ☐
02 ja, teilweise bekannt ☐
03 nein, nicht bekannt ☐

09 Welche Art von Behinderung haben Sie? (Mehrfachnennungen möglich)

01 Geistige Behinderung ☐
02 Lernbehinderung ☐
03 Körperbehinderung ☐
04 Hörbehinderung/Gehörlosigkeit ☐
05 Sehbehinderung/Blindheit ☐
06 Epilepsie ☐
07 Innere Erkrankungen ☐
08 Psychische Erkrankungen ☐
09 Suchtkrankheiten ☐

10 Wenn Sie möchten, können Sie im nachfolgenden Feld konkretere Angaben zu Ihrer Behinderung/Einschränkung/chronischen Erkrankung machen. Solche Angaben helfen uns, ein möglichst genaues Bild potenzieller Barrieren in der Bundeswehr zu bekommen.

11 **Ist Ihre Behinderung auf Ihre berufliche Tätigkeit bei der Bundeswehr zurückzuführen?**

☐ ja ☐ nein

12 **Welche Aussage trifft auf Ihre Behinderung zu?**

01	Ich habe eine Behinderung, die direkt bemerkt wird.	☐
02	Ich habe eine Behinderung, die nach einiger Zeit bemerkt wird.	☐
03	Ich habe eine Behinderung, die in der Regel nicht bemerkt wird.	☐

13 **Wie zufrieden sind Sie mit den folgenden Bedingungen in Ihrer Dienststelle bzw. an Ihrem Arbeitsplatz?**

1= sehr zufrieden 2= eher zufrieden 3= teils/teils 4= eher unzufrieden 5= sehr unzufrieden

		1	2	3	4	5
01	Bauliche Gestaltung Ihrer Dienststelle	☐	☐	☐	☐	☐
02	Barrierefreiheit Ihres direkten Arbeitsumfeldes (Zugang zu Ihrem Arbeitsplatz)	☐	☐	☐	☐	☐
03	Barrierefreiheit Ihres weiteren Arbeitsumfeldes (Zugang zu anderen Dienstgebäuden/Besprechungsräumen)	☐	☐	☐	☐	☐
04	Anzahl der Behindertenparkplätze	☐	☐	☐	☐	☐
05	Lage der Behindertenparkplätze	☐	☐	☐	☐	☐
06	Ausstattung Ihres Arbeitsplatzes mit behindertengerechter Technik	☐	☐	☐	☐	☐
07	Ausstattung Ihres Arbeitsplatzes mit behindertengerechtem Mobiliar	☐	☐	☐	☐	☐
08	Anzahl der behindertengerechten Toiletten	☐	☐	☐	☐	☐
09	Lage der behindertengerechten Toiletten	☐	☐	☐	☐	☐

14 **Gibt es weitere Maßnahmen, die umgesetzt werden sollten, um Ihren Arbeitsalltag zu verbessern? Bitte nennen Sie bis zu drei Maßnahmen.**

01	
02	
03	

15 **Was glauben Sie, werden die meisten schwerbehinderten/gleichgestellten Bundeswehrangehörigen entsprechend ihrer Qualifikationen eingesetzt?**

ja	eher ja	teils/teils	eher nein	nein
☐	☐	☐	☐	☐

16 **Werden Sie in der Bundeswehr entsprechend Ihrer Qualifikationen eingesetzt?**

ja	eher ja	teils/teils	eher nein	nein
☐	☐	☐	☐	☐

17 **Gibt es in Ihrer Dienststelle eine Schwerbehindertenvertretung?**

01	ja	☐
02	nein	☐
03	ist mir nicht bekannt	☐

18 **Haben Sie schon mit schwerbehinderten/ gleichgestellten zivilen Mitarbeiterinnen bzw. Mitarbeitern oder Soldatinnen bzw. Soldaten zusammengearbeitet?**
(Mehrfachnennungen möglich)

01	Ja, ich bin/war Vorgesetzte bzw. Vorgesetzter einer/eines Schwerbehinderten/Gleichgestellten → ***Bitte weiter mit Frage 19***	☐
02	Ja, ich bin/war Kollegin bzw. Kollege oder Kameradin bzw. Kamerad einer/eines Schwerbehinderten/Gleichgestellten → ***Bitte weiter mit Frage 19***	☐
03	Ja, ich bin/war Untergebene bzw. Untergebener einer/eines Schwerbehinderten/Gleichgestellten → ***Bitte weiter mit Frage 19***	☐
04	Nein → ***Bitte weiter mit Frage 20***	☐
05	Ist mir nicht bekannt → ***Bitte weiter mit Frage 20***	☐

19 **Wie sind bzw. waren Ihre Erfahrungen im Umgang mit schwerbehinderten/gleichgestellten zivilen Mitarbeiterinnen bzw. Mitarbeitern oder Soldatinnen bzw. Soldaten?**

sehr positiv	eher positiv	teils/teils	eher negativ	sehr negativ
☐	☐	☐	☐	☐

20 Wie ist jeweils Ihre Meinung zu den folgenden Aussagen?

1= stimme voll und ganz zu 2= stimme eher zu 3= teils/teils 4= stimme eher nicht zu 5= stimme überhaupt nicht zu

		1	2	3	4	5
01	Mit der Forderung nach Inklusion wollen Schwerbehinderte/Gleichgestellte eigentlich nur persönliche Vorteile erlangen.	☐	☐	☐	☐	☐
02	In unserer Gesellschaft werden Schwerbehinderte/Gleichgestellte und Nichtbehinderte gleich behandelt.	☐	☐	☐	☐	☐
03	In der Bundeswehr werden Schwerbehinderte/Gleichgestellte und Nichtbehinderte gleich behandelt.	☐	☐	☐	☐	☐
04	Wenn es um Probleme bei der Arbeit geht, übertreiben Schwerbehinderte/ Gleichgestellte oft.	☐	☐	☐	☐	☐
05	In unserer Gesellschaft haben Schwerbehinderte/Gleichgestellte und Nichtbehinderte dieselben Möglichkeiten, etwas zu erreichen.	☐	☐	☐	☐	☐
06	In der Bundeswehr haben Schwerbehinderte/Gleichgestellte und Nichtbehinderte dieselben Möglichkeiten, etwas zu erreichen.	☐	☐	☐	☐	☐
07	Es würde mir nichts ausmachen, eine/einen Schwerbehinderten/ Gleichgestellten zur bzw. zum Vorgesetzten zu haben.	☐	☐	☐	☐	☐
08	Schwerbehinderte/Gleichgestellte sind weniger motiviert als Nichtbehinderte.	☐	☐	☐	☐	☐
09	In der Bundeswehr gibt es eine Kultur der Wertschätzung gegenüber Menschen mit Behinderung.	☐	☐	☐	☐	☐

21 Würden Sie sagen, es gibt generelle Leistungsunterschiede zwischen den Beschäftigten mit anerkannter Behinderung und denen ohne?

ja	eher ja	eher nein	nein
☐	☐	☐	☐

22 Wie ist jeweils Ihre Meinung zu den folgenden Aussagen?

1= stimme voll und ganz zu 2= stimme eher zu 3= teils/teils 4= stimme eher nicht zu 5= stimme überhaupt nicht zu

		1	2	3	4	5
01	Schwerbehinderte/Gleichgestellte erhalten in Beurteilungen bessere Ergebnisse als Nichtbehinderte.	☐	☐	☐	☐	☐
02	Schwerbehinderte/Gleichgestellte erhalten eine Beurteilung, die ihre behinderungsbedingten Einschränkungen ausreichend würdigt.	☐	☐	☐	☐	☐
03	Schwerbehinderte/Gleichgestellte erhalten eine Beurteilung, die ihre behinderungsbedingten Einschränkungen nicht ausreichend würdigt.	☐	☐	☐	☐	☐
04	Schwerbehinderte/Gleichgestellte erhalten in Beurteilungen schlechtere Ergebnisse als Nichtbehinderte.	☐	☐	☐	☐	☐

23 Nach den Regelungen der Inklusionsvorschrift (ZDv A-1473/3) ist bei Dienstpostenausschreibungen darauf hinzuweisen, dass bei schwerbehinderten Menschen nur ein Mindestmaß an körperlicher Eignung verlangt wird und dass schwerbehinderte Menschen bei gleicher Eignung bevorzugt berücksichtigt werden. Was halten Sie von dieser Maßnahme?

befürworte ich voll und ganz	befürworte ich eher	teils/teils	befürworte ich eher nicht	befürworte ich überhaupt nicht
☐	☐	☐	☐	☐

24 Was meinen Sie, welche Folgen diese Regelung der Inklusionsvorschrift hat?

1= stimme voll und ganz zu 2= stimme eher zu 3= teils/teils 4= stimme eher nicht zu 5= stimme überhaupt nicht zu

		1	2	3	4	5
01	Die Stimmung in der Truppe zur Inklusion von Schwerbehinderten/ Gleichgestellten wird besser.	☐	☐	☐	☐	☐
02	Die Inklusion von Schwerbehinderten/ Gleichgestellten in der Bundeswehr wird schwieriger.	☐	☐	☐	☐	☐
03	Die Nichtbehinderten werden durch die Regelung benachteiligt.	☐	☐	☐	☐	☐
04	Schwerbehinderte/Gleichgestellte werden schneller Karriere machen.	☐	☐	☐	☐	☐
05	Für die Schwerbehinderten/Gleichgestellten wird es noch schwerer werden, von ihren nichtbehinderten Kolleginnen bzw. Kollegen oder Kameradinnen bzw. Kameraden akzeptiert zu werden.	☐	☐	☐	☐	☐
06	Die Zusammenarbeit von Nichtbehinderten und Schwerbehinderten/ Gleichgestellten wird schwieriger.	☐	☐	☐	☐	☐

25 Wie bewerten Sie die folgende Aussage? Die Arbeit und der soziale Kontakt mit den Kolleginnen bzw. Kollegen oder Kameradinnen bzw. Kameraden mit Behinderung haben auf das Arbeitsumfeld in der Bundeswehr einen ...

01	positiven Einfluss.	☐
02	weder positiven noch negativen Einfluss.	☐
03	negativen Einfluss.	☐

26 Wie schätzen Sie die Entwicklungsmöglichkeiten und Aufstiegschancen für Schwerbehinderte/ Gleichgestellte in der Bundeswehr ein?

sehr gut	eher gut	eher schlecht	sehr schlecht
☐	☐	☐	☐

27 **Wie stehen Sie zu den folgenden Aussagen über die Inklusion von schwerbehinderten/gleichgestellten zivilen Mitarbeiterinnen bzw. Mitarbeitern oder Soldatinnen bzw. Soldaten in der Bundeswehr?**

1= trifft voll und ganz zu 2= trifft eher zu 3= teils/teils 4= trifft eher nicht zu 5= trifft überhaupt nicht zu

Die Inklusion von Schwerbehinderten/ Gleichgestellten in der Bundeswehr ...	1	2	3	4	5
01 ist auf dem richtigen Weg.	☐	☐	☐	☐	☐
02 ist zwar nicht ganz leicht, doch letztlich zu bewältigen.	☐	☐	☐	☐	☐
03 ist problematisch und bedarf auch weiterhin noch sehr großer Anstrengungen.	☐	☐	☐	☐	☐
04 stärkt die Bundeswehr.	☐	☐	☐	☐	☐
05 bringt der Bundeswehr mehr Nachteile als Vorteile.	☐	☐	☐	☐	☐
06 sollte am besten rückgängig gemacht werden.	☐	☐	☐	☐	☐

28 **Würden Sie die Bundeswehr einer bzw. einem Bekannten mit Behinderung, die/der eine Stelle in Ihrem beruflichen Bereich sucht, weiterempfehlen?**

ja	eher ja	eher nein	nein
☐	☐	☐	☐

29 **Sagen Sie uns bitte, wie es Ihnen an Ihrem Arbeitsplatz ergeht.**

1= in sehr hohem Maß 2= in hohem Maß 3= in geringem Maß 4= gar nicht

	1	2	3	4
01 Haben Sie Einfluss auf die Gestaltung Ihrer Arbeitszeit?	☐	☐	☐	☐
02 Können Sie Ihre Arbeit selbständig planen und einteilen?	☐	☐	☐	☐
03 Ermöglicht Ihnen Ihre Dienststelle Weiterqualifikationen?	☐	☐	☐	☐
04 Haben Sie in Ihrer Dienststelle Aufstiegschancen?	☐	☐	☐	☐
05 Bringt Ihnen Ihre Vorgesetzte oder Ihr Vorgesetzter persönlich Wertschätzung entgegen?	☐	☐	☐	☐
06 Erhalten Sie Hilfe und Unterstützung von Ihren Kolleginnen bzw. Kollegen oder Kameradinnen bzw. Kameraden, wenn Sie diese benötigen?	☐	☐	☐	☐
07 Erleben Sie in Ihrer Dienststelle ein Meinungsklima, in dem sich jeder traut, Probleme auch gegenüber Vorgesetzten offen anzusprechen?	☐	☐	☐	☐
08 Wird in Ihrer Dienststelle Kollegialität bzw. Kameradschaft gefördert?	☐	☐	☐	☐
09 Haben Sie den Eindruck, dass Sie mit Ihrer Arbeit einen wichtigen Beitrag für die Gesellschaft leisten?	☐	☐	☐	☐
10 Haben Sie den Eindruck, dass Sie durch Ihre Arbeit einen wichtigen Beitrag für Ihre Dienststelle leisten?	☐	☐	☐	☐
11 Inwieweit identifizieren Sie sich mit Ihrer Arbeit?	☐	☐	☐	☐

30 **Wie häufig machen Sie die folgenden Erfahrungen?**

1= sehr häufig 2= oft 3= selten 4= nie

	1	2	3	4
01 Wie häufig werden Sie bei Ihrem Dienst von Kolleginnen bzw. Kollegen oder Kameradinnen bzw. Kameraden herablassend bzw. respektlos behandelt?	☐	☐	☐	☐
02 Wie häufig werden Sie bei Ihrem Dienst von Vorgesetzten herablassend bzw. respektlos behandelt?	☐	☐	☐	☐
03 Wie häufig verlangt es Ihr Dienst von Ihnen, dass Sie Ihre Gefühle verbergen?	☐	☐	☐	☐
04 Wie häufig kommt es vor, dass Sie an Ihrem Arbeitsplatz widrigen Umgebungsbedingungen (z.B. Kälte, Hitze, Zugluft) ausgesetzt sind?	☐	☐	☐	☐
05 Wie häufig kommt es vor, dass Sie an Ihrem Arbeitsplatz Lärm oder lauten Umgebungsgeräuschen ausgesetzt sind?	☐	☐	☐	☐
06 Wie häufig fühlen Sie sich bei der Arbeit gehetzt oder stehen unter Zeitdruck?	☐	☐	☐	☐
07 Wie häufig werden bei der Arbeit verschiedene Anforderungen an Sie gestellt, die schwer miteinander zu vereinbaren sind?	☐	☐	☐	☐
08 Wie häufig kommt es vor, dass Sie Abstriche bei der Qualität Ihrer Arbeit machen müssen, um Ihr Arbeitspensum zu schaffen?	☐	☐	☐	☐

31 **Haben Sie schon einmal von der UN-Behindertenrechtskonvention gehört bzw. gelesen?**

01 Ich habe davon gehört bzw. gelesen und kenne alle wesentlichen Fakten und Zusammenhänge. ☐

02 Ich habe davon gehört bzw. gelesen und kenne einige Fakten und Zusammenhänge. ☐

03 Ich habe davon gehört bzw. gelesen, weiß aber nichts Konkretes. ☐

04 Ich habe noch nie davon gehört oder gelesen. ☐

32 **Ist Ihnen der Aktionsplan zur Umsetzung der UN-Behindertenrechtskonvention im Geschäftsbereich des BMVg bekannt?**

01 ja → ***Bitte weiter mit Frage 33*** ☐

02 nein → ***Bitte weiter mit Frage 36*** ☐

33 **Der Aktionsplan zur Umsetzung der UN-Behindertenrechtskonvention im Geschäftsbereich des BMVg umfasst eine Vielzahl an Maßnahmen in fünf verschiedenen Handlungsfeldern.**

– Sind Ihnen die folgenden Maßnahmen bzw. Handlungsfelder bekannt?
– Wenn ja, wissen Sie etwas über den Stand der Umsetzung?
– Halten Sie die Maßnahmen bzw. Handlungsfelder für wichtig?

		Bekannt		Umgesetzt		Wichtig	
		Ja	Nein	Ja	Nein	Ja	Nein
01	Maßnahmen zur Bewusstseinsbildung (z.B. Verbesserung des Verständnisses für die Situation Schwerbehinderter/Gleichgestellter)	☐	☐	☐	☐	☐	☐
02	Maßnahmen zur Verbesserung des Arbeitslebens für Schwerbehinderte/Gleichgestellte (z.B. die Bereitstellung von Arbeitshilfen)	☐	☐	☐	☐	☐	☐
03	Maßnahmen zur Verbesserung der Situation schwerbehinderter/gleichgestellter Soldatinnen bzw. Soldaten (z.B. spezifische Sportangebote)	☐	☐	☐	☐	☐	☐
04	Maßnahmen zur Förderung der Bildung und Ausbildung Schwerbehinderter/Gleichgestellter (z.B. die gezielte Ansprache schwerbehinderter/gleichgestellter Bewerberinnen bzw. Bewerber, Durchführung von Schulungen)	☐	☐	☐	☐	☐	☐
05	Maßnahmen zur Schaffung barrierefreier Informationstechnik (z.B. „leichte Sprache" und Gebärdenvideos, geeignete Hard- und Software)	☐	☐	☐	☐	☐	☐

34 **Auf welchen Wegen haben Sie sich/wurden Sie über den Aktionsplan zur Umsetzung der UN-Behindertenrechtskonvention im Geschäftsbereich des BMVg informiert?**
(Mehrfachnennungen möglich)

01 durch Vorgesetzte ☐
02 durch Kolleginnen bzw. Kollegen oder Kameradinnen bzw. Kameraden ☐
03 durch die Schwerbehindertenvertretung ☐
04 durch Informationsmaterial (z.B. Broschüren) ☐
05 durch Informationen im Intranet der Bundeswehr ☐
06 durch Informationsveranstaltungen ☐
07 Sonstiges ☐

35 **Wie gut fühlen Sie sich, alles in allem, über den Aktionsplan zur Umsetzung der UN-Behindertenrechtskonvention im Geschäftsbereich des BMVg informiert?**

01 sehr gut ☐
02 eher gut ☐
03 teils/teils ☐
04 eher schlecht ☐
05 sehr schlecht ☐

Angaben zur Person

Diese Angaben dienen ausschließlich der statistischen Auswertung z.B. nach Geschlecht, Altersgruppen oder Status. Ihre Anonymität bleibt in jedem Fall gewährleistet. Der von Ihnen ausgefüllte Fragebogen wird nur im Zusammenhang mit der vorliegenden Befragung am ZMSBw verwendet und nach der Auswertung vernichtet.

36 **Welches Geschlecht haben Sie?**

☐ männlich ☐ weiblich

37 **Welcher Altersgruppe gehören Sie an?**

01 bis 20 Jahre ☐
02 21 bis 30 Jahre ☐
03 31 bis 40 Jahre ☐
04 41 bis 50 Jahre ☐
05 51 bis 60 Jahre ☐
06 61 Jahre und älter ☐

38 **Welchen Familienstand haben Sie?**

01 ledig ☐
02 ledig, aber in fester Partnerschaft ☐
03 verheiratet ☐
04 eingetragene Lebenspartnerschaft ☐
05 geschieden ☐
06 verwitwet ☐

39 **Welchen höchsten Abschluss einer allgemeinbildenden Schule haben Sie erreicht?**

01 keinen Abschluss ☐
02 Hauptschulabschluss ☐
03 Realschulabschluss (Mittlere Reife) ☐
04 Fachhochschulreife ☐
05 Hochschulreife (Abitur) ☐

40 **In welchem Organisationsbereich dienen Sie zurzeit?**

01 Bundesministerium der Verteidigung ☐
02 Direkt unterstellte Dienststelle des Bundesministeriums der Verteidigung (z.B. EinsFüKdoBw, FüAkBw, LufABw, BAMAD, PlgABw, ZInFü) ☐
03 Heer ☐
04 Luftwaffe ☐
05 Marine ☐
06 Streitkräftebasis ☐
07 Zentraler Sanitätsdienst der Bundeswehr ☐
08 Ausrüstung, Informationstechnik und Nutzung ☐
09 Infrastruktur, Umweltschutz und Dienstleistungen ☐
10 Cyber und Informationsraum ☐
11 Personal ☐
12 Rechtspflege ☐
13 Militärseelsorge ☐

41 **Welcher Statusgruppe gehören Sie an?**

01 Soldatin bzw. Soldat → ***Bitte weiter mit Frage 42*** ☐
02 Beamtin bzw. Beamter oder Richterin bzw. Richter → ***Bitte weiter mit Frage 45*** ☐
03 Zivile Arbeitnehmerin bzw. ziviler Arbeitnehmer → ***Bitte weiter mit Frage 45*** ☐

42 **Welchem Uniformträgerbereich gehören Sie an?**

01 Heer ☐
02 Luftwaffe ☐
03 Marine ☐

43 **In welchem Dienstverhältnis stehen Sie?**

01 Berufssoldatin bzw. Berufssoldat ☐
02 Soldatin bzw. Soldat auf Zeit ☐
03 Freiwillig Wehrdienstleistende bzw. -leistender ☐

44 **Welcher Dienstgradgruppe gehören Sie an?**

01 Stabsoffiziere/Generale/Admirale → ***Bitte weiter mit Frage 46*** ☐

02 Offiziere → ***Bitte weiter mit Frage 46*** ☐

03 Unteroffiziere m.P. → ***Bitte weiter mit Frage 46*** ☐

04 Unteroffiziere o.P. → ***Bitte weiter mit Frage 46*** ☐

05 Mannschaften → ***Bitte weiter mit Frage 46*** ☐

45 **Was trifft auf Sie zu?**

Beamtin bzw. Beamter oder Richterin bzw. Richter im...

01 einfachen Dienst ☐

02 mittleren Dienst ☐

03 gehobenen Dienst ☐

04 höheren Dienst ☐

Arbeitnehmerin bzw. Arbeitnehmer mit...

05 Entgeltgruppe 1–4 ☐

06 Entgeltgruppe 5–8 ☐

07 Entgeltgruppe 9–12 ☐

08 Entgeltgruppe 13–15 ☐

09 Auszubildende bzw. Auszubildender ☐

46 **Wie ist Ihr Dienst organisiert?**
(Mehrfachnennungen möglich)

01 Regeldienst/Vollzeit ☐

02 Teilzeit ☐

03 Schichtdienst ☐

04 Gleitzeit ☐

05 Telearbeit/ortsunabhängiges Arbeiten ☐

47 **Sind Sie in einer Vorgesetztenfunktion tätig?**
(Anmerkung: Als Vorgesetzte bzw. Vorgesetzter gilt, wer befugt ist, einer Soldatin bzw. einem Soldaten Befehle bzw. einer zivilen Mitarbeiterin bzw. einem zivilen Mitarbeiter Anweisungen zu erteilen.)

01 ja, mit Recht zur Beurteilung ☐

02 ja, ohne Recht zur Beurteilung ☐

03 nein ☐

48 **Haben Sie in den letzten 5 Jahren an Fort- oder Weiterbildungen teilgenommen?**

01 Ja, ich habe an mehreren teilgenommen. ☐

02 Ja, ich habe an einer teilgenommen. ☐

03 Nein, aber ich habe mich um Fort- oder Weiterbildungen bemüht. ☐

04 Nein, ich habe nicht teilgenommen. ☐

49 **Gibt es noch etwas, das wir nicht angesprochen haben, was Ihnen an dieser Stelle im Zusammenhang dieser Thematik aber wichtig ist?**

Vielen Dank für Ihre Mitarbeit!

Fragebogen Schwerbehinderte und diesen gleichgestellte Behinderte (B, Modul 1)

Fragebogen Inklusionsstudie 2018

Diese Untersuchung wird im Auftrag und mit Genehmigung des BMVg durchgeführt. Reg.-Nr. 1/11/18. Die Teilnahme ist anonym und freiwillig.

Hinweise zum Ausfüllen: ☐☐☐☐

Bitte nicht ausfüllen

- Bitte nur einen schwarzen oder blauen Kugelschreiber zum Ausfüllen verwenden.
- Bitte kreuzen Sie Ihre Antworten in dem dafür vorgesehenen Kästchen ☒ an.
- Falls Sie eine Frage nicht beantworten wollen oder können, lassen Sie das entsprechende Feld frei.

01 Haben Sie schon einmal den Begriff Inklusion gehört?

☐ ja ☐ nein

02 Wie würden Sie Ihre Vorstellungen von dem Begriff Inklusion beschreiben?

01 Ich habe ganz konkrete Vorstellungen und glaube auch, dass diese richtig sind. ☐
02 Ich habe konkrete Vorstellungen, weiß aber nicht, ob diese richtig sind. ☐
03 Ich habe ein paar allgemeine Vorstellungen, weiß aber nichts Genaues. ☐
04 Ich kann mir unter dem Begriff überhaupt nichts Konkretes vorstellen. ☐

03 Haben Sie schon einmal den Begriff Barrierefreiheit gehört?

☐ ja ☐ nein

04 Wie würden Sie Ihre Vorstellungen von dem Begriff Barrierefreiheit beschreiben?

01 Ich habe ganz konkrete Vorstellungen und glaube auch, dass diese richtig sind. ☐
02 Ich habe konkrete Vorstellungen, weiß aber nicht, ob diese richtig sind. ☐
03 Ich habe ein paar allgemeine Vorstellungen, weiß aber nichts Genaues. ☐
04 Ich kann mir unter dem Begriff überhaupt nichts Konkretes vorstellen. ☐

05 Gibt es in Ihrer Dienststelle schwerbehinderte/gleichgestellte zivile Mitarbeiterinnen bzw. Mitarbeiter oder Soldatinnen bzw. Soldaten?

01 ja ☐
02 nein ☐
03 ist mir nicht bekannt ☐

06 Sind in Ihrer Dienststelle schwerbehinderte/gleichgestellte zivile Mitarbeiterinnen bzw. Mitarbeiter oder Soldatinnen bzw. Soldaten in Vorgesetztenfunktion tätig?

01 ja ☐
02 nein ☐
03 ist mir nicht bekannt ☐

07 Sind Sie selbst schwerbehindert oder gleichgestellt? (Angabe freiwillig)

01 Ja, ich bin schwerbehindert → **Bitte weiter mit Frage 08** ☐
02 Ja, ich bin gleichgestellt → **Bitte weiter mit Frage 08** ☐
03 Nein → **Bitte weiter mit Frage 15** ☐

08 Ist Ihre Behinderung in Ihrem beruflichen Umfeld bekannt?

01 ja, allgemein bekannt ☐
02 ja, teilweise bekannt ☐
03 nein, nicht bekannt ☐

09 Welche Art von Behinderung haben Sie? (Mehrfachnennungen möglich)

01 Geistige Behinderung ☐
02 Lernbehinderung ☐
03 Körperbehinderung ☐
04 Hörbehinderung/Gehörlosigkeit ☐
05 Sehbehinderung/Blindheit ☐
06 Epilepsie ☐
07 Innere Erkrankungen ☐
08 Psychische Erkrankungen ☐
09 Suchtkrankheiten ☐

10 Wenn Sie möchten, können Sie im nachfolgenden Feld konkretere Angaben zu Ihrer Behinderung/ Einschränkung/chronischen Erkrankung machen. Solche Angaben helfen uns, ein möglichst genaues Bild potenzieller Barrieren in der Bundeswehr zu bekommen.

11 **Ist Ihre Behinderung auf Ihre berufliche Tätigkeit bei der Bundeswehr zurückzuführen?**

☐ ja ☐ nein

12 **Welche Aussage trifft auf Ihre Behinderung zu?**

01	Ich habe eine Behinderung, die direkt bemerkt wird.	☐
02	Ich habe eine Behinderung, die nach einiger Zeit bemerkt wird.	☐
03	Ich habe eine Behinderung, die in der Regel nicht bemerkt wird.	☐

13 **Wie zufrieden sind Sie mit den folgenden Bedingungen in Ihrer Dienststelle bzw. an Ihrem Arbeitsplatz?**

1= sehr zufrieden 2= eher zufrieden 3= teils/teils 4= eher unzufrieden 5= sehr unzufrieden

		1	2	3	4	5
01	Bauliche Gestaltung Ihrer Dienststelle	☐	☐	☐	☐	☐
02	Barrierefreiheit Ihres direkten Arbeitsumfeldes (Zugang zu Ihrem Arbeitsplatz)	☐	☐	☐	☐	☐
03	Barrierefreiheit Ihres weiteren Arbeitsumfeldes (Zugang zu anderen Dienstgebäuden/Besprechungsräumen)	☐	☐	☐	☐	☐
04	Anzahl der Behindertenparkplätze	☐	☐	☐	☐	☐
05	Lage der Behindertenparkplätze	☐	☐	☐	☐	☐
06	Ausstattung Ihres Arbeitsplatzes mit behindertengerechter Technik	☐	☐	☐	☐	☐
07	Ausstattung Ihres Arbeitsplatzes mit behindertengerechtem Mobiliar	☐	☐	☐	☐	☐
08	Anzahl der behindertengerechten Toiletten	☐	☐	☐	☐	☐
09	Lage der behindertengerechten Toiletten	☐	☐	☐	☐	☐

14 **Gibt es weitere Maßnahmen, die umgesetzt werden sollten, um Ihren Arbeitsalltag zu verbessern? Bitte nennen Sie bis zu drei Maßnahmen.**

01	
02	
03	

15 **Was glauben Sie, werden die meisten schwerbehinderten/gleichgestellten Bundeswehrangehörigen entsprechend ihrer Qualifikationen eingesetzt?**

ja	eher ja	teils/teils	eher nein	nein
☐	☐	☐	☐	☐

16 **Werden Sie in der Bundeswehr entsprechend Ihrer Qualifikationen eingesetzt?**

ja	eher ja	teils/teils	eher nein	nein
☐	☐	☐	☐	☐

17 **Gibt es in Ihrer Dienststelle eine Schwerbehindertenvertretung?**

01	ja	☐
02	nein	☐
03	ist mir nicht bekannt	☐

18 **Haben Sie schon mit schwerbehinderten/ gleichgestellten zivilen Mitarbeiterinnen bzw. Mitarbeitern oder Soldatinnen bzw. Soldaten zusammengearbeitet?**
(Mehrfachnennungen möglich)

01	Ja, ich bin/war Vorgesetzte bzw. Vorgesetzter einer/eines Schwerbehinderten/Gleichgestellten → ***Bitte weiter mit Frage 19***	☐
02	Ja, ich bin/war Kollegin bzw. Kollege oder Kameradin bzw. Kamerad einer/eines Schwerbehinderten/Gleichgestellten → ***Bitte weiter mit Frage 19***	☐
03	Ja, ich bin/war Untergebene bzw. Untergebener einer/eines Schwerbehinderten/Gleichgestellten → ***Bitte weiter mit Frage 19***	☐
04	Nein → ***Bitte weiter mit Frage 20***	☐
05	Ist mir nicht bekannt → ***Bitte weiter mit Frage 20***	☐

19 **Wie sind bzw. waren Ihre Erfahrungen im Umgang mit schwerbehinderten/gleichgestellten zivilen Mitarbeiterinnen bzw. Mitarbeitern oder Soldatinnen bzw. Soldaten?**

sehr positiv	eher positiv	teils/teils	eher negativ	sehr negativ
☐	☐	☐	☐	☐

20 Wie ist jeweils Ihre Meinung zu den folgenden Aussagen?

1= stimme voll und ganz zu 2= stimme eher zu 3= teils/teils 4= stimme eher nicht zu 5= stimme überhaupt nicht zu

		1	2	3	4	5
01	Mit der Forderung nach Inklusion wollen Schwerbehinderte/ Gleichgestellte eigentlich nur persönliche Vorteile erlangen.	☐	☐	☐	☐	☐
02	In unserer Gesellschaft werden Schwerbehinderte/Gleichgestellte und Nichtbehinderte gleich behandelt.	☐	☐	☐	☐	☐
03	In der Bundeswehr werden Schwerbehinderte/Gleichgestellte und Nichtbehinderte gleich behandelt.	☐	☐	☐	☐	☐
04	Wenn es um Probleme bei der Arbeit geht, übertreiben Schwerbehinderte/ Gleichgestellte oft.	☐	☐	☐	☐	☐
05	In unserer Gesellschaft haben Schwerbehinderte/Gleichgestellte und Nichtbehinderte dieselben Möglichkeiten, etwas zu erreichen.	☐	☐	☐	☐	☐
06	In der Bundeswehr haben Schwerbehinderte/Gleichgestellte und Nichtbehinderte dieselben Möglichkeiten, etwas zu erreichen.	☐	☐	☐	☐	☐
07	Es würde mir nichts ausmachen, eine/einen Schwerbehinderten/ Gleichgestellten zur bzw. zum Vorgesetzten zu haben.	☐	☐	☐	☐	☐
08	Schwerbehinderte/Gleichgestellte sind weniger motiviert als Nichtbehinderte.	☐	☐	☐	☐	☐
09	In der Bundeswehr gibt es eine Kultur der Wertschätzung gegenüber Menschen mit Behinderung.	☐	☐	☐	☐	☐

21 Würden Sie sagen, es gibt generelle Leistungsunterschiede zwischen den Beschäftigten mit anerkannter Behinderung und denen ohne?

ja	eher ja	eher nein	nein
☐	☐	☐	☐

22 Wie ist jeweils Ihre Meinung zu den folgenden Aussagen?

1= stimme voll und ganz zu 2= stimme eher zu 3= teils/teils 4= stimme eher nicht zu 5= stimme überhaupt nicht zu

		1	2	3	4	5
01	Schwerbehinderte/Gleichgestellte erhalten in Beurteilungen bessere Ergebnisse als Nichtbehinderte.	☐	☐	☐	☐	☐
02	Schwerbehinderte/Gleichgestellte erhalten eine Beurteilung, die ihre behinderungsbedingten Einschränkungen ausreichend würdigt.	☐	☐	☐	☐	☐
03	Schwerbehinderte/Gleichgestellte erhalten eine Beurteilung, die ihre behinderungsbedingten Einschränkungen nicht ausreichend würdigt.	☐	☐	☐	☐	☐
04	Schwerbehinderte/Gleichgestellte erhalten in Beurteilungen schlechtere Ergebnisse als Nichtbehinderte.	☐	☐	☐	☐	☐

23 Nach den Regelungen der Inklusionsvorschrift (ZDv A-1473/3) ist bei Dienstpostenausschreibungen darauf hinzuweisen, dass bei schwerbehinderten Menschen nur ein Mindestmaß an körperlicher Eignung verlangt wird und dass schwerbehinderte Menschen bei gleicher Eignung bevorzugt berücksichtigt werden.
Was halten Sie von dieser Maßnahme?

befürworte ich voll und ganz	befürworte ich eher	teils/teils	befürworte ich eher nicht	befürworte ich überhaupt nicht
☐	☐	☐	☐	☐

24 Was meinen Sie, welche Folgen diese Regelung der Inklusionsvorschrift hat?

1= stimme voll und ganz zu 2= stimme eher zu 3= teils/teils 4= stimme eher nicht zu 5= stimme überhaupt nicht zu

		1	2	3	4	5
01	Die Stimmung in der Truppe zur Inklusion von Schwerbehinderten/ Gleichgestellten wird besser.	☐	☐	☐	☐	☐
02	Die Inklusion von Schwerbehinderten/ Gleichgestellten in der Bundeswehr wird schwieriger.	☐	☐	☐	☐	☐
03	Die Nichtbehinderten werden durch die Regelung benachteiligt.	☐	☐	☐	☐	☐
04	Schwerbehinderte/Gleichgestellte werden schneller Karriere machen.	☐	☐	☐	☐	☐
05	Für die Schwerbehinderten/Gleichgestellten wird es noch schwerer werden, von ihren nichtbehinderten Kolleginnen bzw. Kollegen oder Kameradinnen bzw. Kameraden akzeptiert zu werden.	☐	☐	☐	☐	☐
06	Die Zusammenarbeit von Nichtbehinderten und Schwerbehinderten/ Gleichgestellten wird schwieriger.	☐	☐	☐	☐	☐

25 Wie bewerten Sie die folgende Aussage?
Die Arbeit und der soziale Kontakt mit den Kolleginnen bzw. Kollegen oder Kameradinnen bzw. Kameraden mit Behinderung haben auf das Arbeitsumfeld in der Bundeswehr einen ...

01	positiven Einfluss.	☐
02	weder positiven noch negativen Einfluss.	☐
03	negativen Einfluss.	☐

26 Wie schätzen Sie die Entwicklungsmöglichkeiten und Aufstiegschancen für Schwerbehinderte/ Gleichgestellte in der Bundeswehr ein?

sehr gut	eher gut	eher schlecht	sehr schlecht
☐	☐	☐	☐

27 Wie stehen Sie zu den folgenden Aussagen über die Inklusion von schwerbehinderten/gleichgestellten zivilen Mitarbeiterinnen bzw. Mitarbeitern oder Soldatinnen bzw. Soldaten in der Bundeswehr?

1= trifft voll und ganz zu 2= trifft eher zu 3= teils/teils 4= trifft eher nicht zu 5= trifft überhaupt nicht zu

Die Inklusion von Schwerbehinderten/ Gleichgestellten in der Bundeswehr ...	1	2	3	4	5
01 ist auf dem richtigen Weg.	☐	☐	☐	☐	☐
02 ist zwar nicht ganz leicht, doch letztlich zu bewältigen.	☐	☐	☐	☐	☐
03 ist problematisch und bedarf auch weiterhin noch sehr großer Anstrengungen.	☐	☐	☐	☐	☐
04 stärkt die Bundeswehr.	☐	☐	☐	☐	☐
05 bringt der Bundeswehr mehr Nachteile als Vorteile.	☐	☐	☐	☐	☐
06 sollte am besten rückgängig gemacht werden.	☐	☐	☐	☐	☐

28 Würden Sie die Bundeswehr einer bzw. einem Bekannten mit Behinderung, die/der eine Stelle in Ihrem beruflichen Bereich sucht, weiterempfehlen?

ja	eher ja	eher nein	nein
☐	☐	☐	☐

29 Sagen Sie uns bitte, wie es Ihnen an Ihrem Arbeitsplatz ergeht.

1= in sehr hohem Maß 2= in hohem Maß 3= in geringem Maß 4= gar nicht

	1	2	3	4
01 Haben Sie Einfluss auf die Gestaltung Ihrer Arbeitszeit?	☐	☐	☐	☐
02 Können Sie Ihre Arbeit selbständig planen und einteilen?	☐	☐	☐	☐
03 Ermöglicht Ihnen Ihre Dienststelle Weiterqualifikationen?	☐	☐	☐	☐
04 Haben Sie in Ihrer Dienststelle Aufstiegschancen?	☐	☐	☐	☐
05 Bringt Ihnen Ihre Vorgesetzte oder Ihr Vorgesetzter persönlich Wertschätzung entgegen?	☐	☐	☐	☐
06 Erhalten Sie Hilfe und Unterstützung von Ihren Kolleginnen bzw. Kollegen oder Kameradinnen bzw. Kameraden, wenn Sie diese benötigen?	☐	☐	☐	☐
07 Erleben Sie in Ihrer Dienststelle ein Meinungsklima, in dem sich jeder traut, Probleme auch gegenüber Vorgesetzten offen anzusprechen?	☐	☐	☐	☐
08 Wird in Ihrer Dienststelle Kollegialität bzw. Kameradschaft gefördert?	☐	☐	☐	☐
09 Haben Sie den Eindruck, dass Sie mit Ihrer Arbeit einen wichtigen Beitrag für die Gesellschaft leisten?	☐	☐	☐	☐
10 Haben Sie den Eindruck, dass Sie durch Ihre Arbeit einen wichtigen Beitrag für Ihre Dienststelle leisten?	☐	☐	☐	☐
11 Inwieweit identifizieren Sie sich mit Ihrer Arbeit?	☐	☐	☐	☐

30 Wie häufig machen Sie die folgenden Erfahrungen?

1= sehr häufig 2= oft 3= selten 4= nie

	1	2	3	4
01 Wie häufig werden Sie bei Ihrem Dienst von Kolleginnen bzw. Kollegen oder Kameradinnen bzw. Kameraden herablassend bzw. respektlos behandelt?	☐	☐	☐	☐
02 Wie häufig werden Sie bei Ihrem Dienst von Vorgesetzten herablassend bzw. respektlos behandelt?	☐	☐	☐	☐
03 Wie häufig verlangt es Ihr Dienst von Ihnen, dass Sie Ihre Gefühle verbergen?	☐	☐	☐	☐
04 Wie häufig kommt es vor, dass Sie an Ihrem Arbeitsplatz widrigen Umgebungsbedingungen (z.B. Kälte, Hitze, Zugluft) ausgesetzt sind?	☐	☐	☐	☐
05 Wie häufig kommt es vor, dass Sie an Ihrem Arbeitsplatz Lärm oder lauten Umgebungsgeräuschen ausgesetzt sind?	☐	☐	☐	☐
06 Wie häufig fühlen Sie sich bei der Arbeit gehetzt oder stehen unter Zeitdruck?	☐	☐	☐	☐
07 Wie häufig werden bei der Arbeit verschiedene Anforderungen an Sie gestellt, die schwer miteinander zu vereinbaren sind?	☐	☐	☐	☐
08 Wie häufig kommt es vor, dass Sie Abstriche bei der Qualität Ihrer Arbeit machen müssen, um Ihr Arbeitspensum zu schaffen?	☐	☐	☐	☐

31 Haben Sie schon einmal von der UN-Behindertenrechtskonvention gehört bzw. gelesen?

01 Ich habe davon gehört bzw. gelesen und kenne alle wesentlichen Fakten und Zusammenhänge.	☐
02 Ich habe davon gehört bzw. gelesen und kenne einige Fakten und Zusammenhänge.	☐
03 Ich habe davon gehört bzw. gelesen, weiß aber nichts Konkretes.	☐
04 Ich habe noch nie davon gehört oder gelesen.	☐

32 Ist Ihnen der Aktionsplan zur Umsetzung der UN-Behindertenrechtskonvention im Geschäftsbereich des BMVg bekannt?

01 ja → ***Bitte weiter mit Frage 33***	☐
02 nein → ***Bitte weiter mit Frage 36***	☐

33 Auf welchen Wegen haben Sie sich/wurden Sie über den Aktionsplan zur Umsetzung der UN-Behindertenrechtskonvention im Geschäftsbereich des BMVg informiert? (Mehrfachnennungen möglich)

01	durch Vorgesetzte	☐
02	durch Kolleginnen bzw. Kollegen oder Kameradinnen bzw. Kameraden	☐
03	durch die Schwerbehindertenvertretung	☐
04	durch Informationsmaterial (z.B. Broschüren)	☐
05	durch Informationen im Intranet der Bundeswehr	☐
06	durch Informationsveranstaltungen	☐
07	Sonstiges	☐

34 Wie gut fühlen Sie sich, alles in allem, über den Aktionsplan zur Umsetzung der UN-Behindertenrechtskonvention im Geschäftsbereich des BMVg informiert?

01	sehr gut	☐
02	eher gut	☐
03	teils/teils	☐
04	eher schlecht	☐
05	sehr schlecht	☐

35 Welche Maßnahmen zur Umsetzung der UN-Behindertenrechtskonvention würden Sie sich für Ihren Arbeitsbereich bzw. den Geschäftsbereich des BMVg wünschen?
Bitte nennen Sie bis zu drei Maßnahmen, die Ihnen besonders wichtig sind.

01	
02	
03	

Angaben zur Person

Diese Angaben dienen ausschließlich der statistischen Auswertung z.B. nach Geschlecht, Altersgruppen oder Status. Ihre Anonymität bleibt in jedem Fall gewährleistet. Der von Ihnen ausgefüllte Fragebogen wird nur im Zusammenhang mit der vorliegenden Befragung am ZMSBw verwendet und nach der Auswertung vernichtet.

36 Welches Geschlecht haben Sie?

☐ männlich ☐ weiblich

37 Welcher Altersgruppe gehören Sie an?

01 bis 20 Jahre ☐
02 21 bis 30 Jahre ☐
03 31 bis 40 Jahre ☐
04 41 bis 50 Jahre ☐
05 51 bis 60 Jahre ☐
06 61 Jahre und älter ☐

38 Welchen Familienstand haben Sie?

01 ledig ☐
02 ledig, aber in fester Partnerschaft ☐
03 verheiratet ☐
04 eingetragene Lebenspartnerschaft ☐
05 geschieden ☐
06 verwitwet ☐

39 Welchen höchsten Abschluss einer allgemeinbildenden Schule haben Sie erreicht?

01 keinen Abschluss ☐
02 Hauptschulabschluss ☐
03 Realschulabschluss (Mittlere Reife) ☐
04 Fachhochschulreife ☐
05 Hochschulreife (Abitur) ☐

40 In welchem Organisationsbereich dienen Sie zurzeit?

01 Bundesministerium der Verteidigung ☐
02 Direkt unterstellte Dienststelle des Bundesministeriums der Verteidigung (z.B. EinsFüKdoBw, FüAkBw, LufABw, BAMAD, PlgABw, ZInFü) ☐
03 Heer ☐
04 Luftwaffe ☐
05 Marine ☐
06 Streitkräftebasis ☐
07 Zentraler Sanitätsdienst der Bundeswehr ☐
08 Ausrüstung, Informationstechnik und Nutzung ☐
09 Infrastruktur, Umweltschutz und Dienstleistungen ☐
10 Cyber und Informationsraum ☐
11 Personal ☐
12 Rechtspflege ☐
13 Militärseelsorge ☐

41 Welcher Statusgruppe gehören Sie an?

01 Soldatin bzw. Soldat → ***Bitte weiter mit Frage 42*** ☐
02 Beamtin bzw. Beamter oder Richterin bzw. Richter → ***Bitte weiter mit Frage 45*** ☐
03 Zivile Arbeitnehmerin bzw. ziviler Arbeitnehmer → ***Bitte weiter mit Frage 45*** ☐

42 Welchem Uniformträgerbereich gehören Sie an?

01 Heer ☐
02 Luftwaffe ☐
03 Marine ☐

43 In welchem Dienstverhältnis stehen Sie?

01 Berufssoldatin bzw. Berufssoldat ☐
02 Soldatin bzw. Soldat auf Zeit ☐
03 Freiwillig Wehrdienstleistende bzw. -leistender ☐

44 Welcher Dienstgradgruppe gehören Sie an?

01 Stabsoffiziere/Generale/Admirale → ***Bitte weiter mit Frage 46*** ☐

02 Offiziere → ***Bitte weiter mit Frage 46*** ☐

03 Unteroffiziere m.P. → ***Bitte weiter mit Frage 46*** ☐

04 Unteroffiziere o.P. → ***Bitte weiter mit Frage 46*** ☐

05 Mannschaften → ***Bitte weiter mit Frage 46*** ☐

45 Was trifft auf Sie zu?

Beamtin bzw. Beamter oder Richterin bzw. Richter im...

01 einfachen Dienst ☐

02 mittleren Dienst ☐

03 gehobenen Dienst ☐

04 höheren Dienst ☐

Arbeitnehmerin bzw. Arbeitnehmer mit...

05 Entgeltgruppe 1–4 ☐

06 Entgeltgruppe 5–8 ☐

07 Entgeltgruppe 9–12 ☐

08 Entgeltgruppe 13–15 ☐

09 Auszubildende bzw. Auszubildender ☐

46 Wie ist Ihr Dienst organisiert?
(Mehrfachnennungen möglich)

01 Regeldienst/Vollzeit ☐

02 Teilzeit ☐

03 Schichtdienst ☐

04 Gleitzeit ☐

05 Telearbeit/ortsunabhängiges Arbeiten ☐

47 Sind Sie in einer Vorgesetztenfunktion tätig?
(Anmerkung: Als Vorgesetzte bzw. Vorgesetzter gilt, wer befugt ist, einer Soldatin bzw. einem Soldaten Befehle bzw. einer zivilen Mitarbeiterin bzw. einem zivilen Mitarbeiter Anweisungen zu erteilen.)

01 ja, mit Recht zur Beurteilung ☐

02 ja, ohne Recht zur Beurteilung ☐

03 nein ☐

48 Haben Sie in den letzten 5 Jahren an Fort- oder Weiterbildungen teilgenommen?

01 Ja, ich habe an mehreren teilgenommen. ☐

02 Ja, ich habe an einer teilgenommen. ☐

03 Nein, aber ich habe mich um Fort- oder Weiterbildungen bemüht. ☐

04 Nein, ich habe nicht teilgenommen. ☐

49 Haben Sie in den letzten 5 Jahren an behindertenspezifischen Fort- oder Weiterbildungen teilgenommen?

01 Ja, ich habe an mehreren teilgenommen. ☐

02 Ja, ich habe an einer teilgenommen. ☐

03 Nein, aber ich habe mich um behindertenspezifische Fort- oder Weiterbildungen bemüht. ☐

04 Nein, ich habe nicht teilgenommen. ☐

50 Gibt es noch etwas, das wir nicht angesprochen haben, was Ihnen an dieser Stelle im Zusammenhang dieser Thematik aber wichtig ist?

Vielen Dank für Ihre Mitarbeit!

Fragebogen Schwerbehinderte und diesen gleichgestellte Behinderte (B, Modul 2)

Fragebogen Inklusionsstudie 2018

Diese Untersuchung wird im Auftrag und mit Genehmigung des BMVg durchgeführt. Reg.-Nr. 1/11/18. Die Teilnahme ist anonym und freiwillig.

Hinweise zum Ausfüllen:

Bitte nicht ausfüllen

- Bitte nur einen schwarzen oder blauen Kugelschreiber zum Ausfüllen verwenden.
- Bitte kreuzen Sie Ihre Antworten in dem dafür vorgesehenen Kästchen ☒ an.
- Falls Sie eine Frage nicht beantworten wollen oder können, lassen Sie das entsprechende Feld frei.

01 Gibt es in Ihrer Dienststelle schwerbehinderte/gleichgestellte zivile Mitarbeiterinnen bzw. Mitarbeiter oder Soldatinnen bzw. Soldaten?

01 ja ☐
02 nein ☐
03 ist mir nicht bekannt ☐

02 Sind in Ihrer Dienststelle schwerbehinderte/gleichgestellte zivile Mitarbeiterinnen bzw. Mitarbeiter oder Soldatinnen bzw. Soldaten in Vorgesetztenfunktion tätig?

01 ja ☐
02 nein ☐
03 ist mir nicht bekannt ☐

03 Sind Sie selbst schwerbehindert oder gleichgestellt? (Angabe freiwillig)

01 Ja, ich bin schwerbehindert → **Bitte weiter mit Frage 4** ☐
02 Ja, ich bin gleichgestellt → **Bitte weiter mit Frage 4** ☐
03 Nein → **Bitte weiter mit Frage 5** ☐

04 Welche Art von Behinderung haben Sie? (Mehrfachnennungen möglich)

01 Geistige Behinderung ☐
02 Lernbehinderung ☐
03 Körperbehinderung ☐
04 Hörbehinderung/Gehörlosigkeit ☐
05 Sehbehinderung/Blindheit ☐
06 Epilepsie ☐
07 Innere Erkrankungen ☐
08 Psychische Erkrankungen ☐
09 Suchtkrankheiten ☐

05 Haben Sie schon einmal von der UN-Behindertenrechtskonvention gehört bzw. gelesen?

01 Ich habe davon gehört bzw. gelesen und kenne alle wesentlichen Fakten und Zusammenhänge. ☐
02 Ich habe davon gehört bzw. gelesen und kenne einige Fakten und Zusammenhänge. ☐
03 Ich habe davon gehört bzw. gelesen, weiß aber nichts Konkretes. ☐
04 Ich habe noch nie davon gehört oder gelesen. ☐

06 Ist Ihnen der Aktionsplan zur Umsetzung der UN-Behindertenrechtskonvention im Geschäftsbereich des BMVg bekannt?

01 ja → ***Bitte weiter mit Frage 07*** ☐
02 nein → ***Bitte weiter mit Frage 09*** ☐

07 Auf welchen Wegen haben Sie sich/wurden Sie über den Aktionsplan zur Umsetzung der UN-Behindertenrechtskonvention im Geschäftsbereich des BMVg informiert? (Mehrfachnennungen möglich)

01 durch Vorgesetzte ☐
02 durch Kolleginnen bzw. Kollegen oder Kameradinnen bzw. Kameraden ☐
03 durch die Schwerbehindertenvertretung ☐
04 durch Informationsmaterial (z.B. Broschüren) ☐
05 durch Informationen im Intranet der Bundeswehr ☐
06 durch Informationsveranstaltungen ☐
07 Sonstiges ☐

08 Wie gut fühlen Sie sich, alles in allem, über den Aktionsplan zur Umsetzung der UN-Behindertenrechtskonvention im Geschäftsbereich des BMVg informiert?

01 sehr gut ☐
02 eher gut ☐
03 teils/teils ☐
04 eher schlecht ☐
05 sehr schlecht ☐

09 **Der Aktionsplan zur Umsetzung der UN-Behindertenrechtskonvention im Geschäftsbereich des BMVg umfasst eine Vielzahl an Maßnahmen.**

- **Sind Ihnen die folgenden Maßnahmen, die der Umsetzung der im hauseigenen Aktionsplan benannten Handlungsfelder dienen sollen, bekannt?**
- **Wurden die folgenden Maßnahmen in Ihrer Dienststelle umgesetzt?**
- **Halten Sie die Umsetzung der folgenden Maßnahmen für sich oder für Ihre schwerbehinderten/gleichgestellten Kollegen/Kameraden für wichtig?**

		Bekannt		Umgesetzt		Wichtig	
		Ja	Nein	Ja	Nein	Ja	Nein
	Handlungsfeld – Bewusstseinsbildung						
01	Durchführung von Informationsveranstaltungen und Kampagnen zur Verbesserung des Verständnisses für die Situation behinderter Menschen und zur Überführung bisher als Sonderrechte im Sinne des Nachteilsausgleichs interpretierter Maßnahmen in das allgemeine Verständnis	☐	☐	☐	☐	☐	☐
02	Schaffung eines Intranetauftritts in Form einer „Seite der Inklusion“	☐	☐	☐	☐	☐	☐
03	Bildung von „Inklusionsteams“ auf möglichst vielen Organisationsebenen	☐	☐	☐	☐	☐	☐
04	Entwicklung von Projekten zur Positionierung der Bundeswehr auf der „Landkarte der inklusiven Beispiele“ des Beauftragten der Bundesregierung für die Belange behinderter Menschen	☐	☐	☐	☐	☐	☐
05	Erkennbare Präsentation der sensibilisierten Organisationskultur durch verstärkte Hinweise auf den Willen, der Vielfalt von Menschen im Arbeitsbereich der Bundeswehr einen Raum zu geben	☐	☐	☐	☐	☐	☐
06	Öffentlichkeitsarbeit mit der Maßgabe, in abgegebenen Statements bzw. schriftlichen Äußerungen stets zu prüfen, inwieweit auch die Vorgaben der Art. 3 (Grundsätze) und 8 (Verpflichtungskatalog) der UN-Behindertenrechtskonvention in den Präsentationen Berücksichtigung finden können	☐	☐	☐	☐	☐	☐
	Handlungsfeld – Arbeitsleben						
07	Bereitstellung von Automatikfahrzeugen durch die BwFPS-GmbH zur Durchführung von Dienstreisen schwerbehinderter Menschen als Selbstfahrerin bzw. Selbstfahrer	☐	☐	☐	☐	☐	☐
08	Einrichten/Betreiben von einzelnen behindertengerechten Ausbildungs- und Arbeitsplätzen in den ortsfesten Materialerhaltungseinrichtungen der Bundeswehr und den Werken der HIL-GmbH sowie Lagereinrichtungen	☐	☐	☐	☐	☐	☐
09	Einführung einer flächendeckenden Familien-Betreuungsorganisation der Bundeswehr (FBO)	☐	☐	☐	☐	☐	☐
10	Prüfung der Aufnahme „Betreuung von Familien mit behinderten Kindern bzw. behinderter Partnerin/behindertem Partner“ in die konzeptionellen Überlegungen zur Weiterentwicklung der FBO	☐	☐	☐	☐	☐	☐
11	Weiterentwicklung des Kinderbetreuungsportals zum Betreuungsportal mit Informations- und Unterstützungsangeboten für Bundeswehrangehörige mit Behinderung	☐	☐	☐	☐	☐	☐
12	Verbesserung der Mobilität körperlich und/oder geistig behinderter Bw-Angehöriger bzw. Verbesserung der Mobilität körperlich oder geistig stark behinderter Kinder von Bw-Angehörigen bei Vorliegen bestimmter Rahmenbedingungen durch den Einsatz von Dienstfahrzeugen	☐	☐	☐	☐	☐	☐
13	Intensivere Pflege der Kontakte der Personalabteilungen zur Arbeitsverwaltung, um die Optionen des Arbeitsfeldes Bundeswehr transparent zu machen	☐	☐	☐	☐	☐	☐
14	Barrierefreie Gestaltung und Publikation von Ausschreibungen von Dienstposten	☐	☐	☐	☐	☐	☐
15	Integration spezifischer Angebote für behinderte Menschen in öffentliche Präsentationen zu Karrieremöglichkeiten bei der Bundeswehr	☐	☐	☐	☐	☐	☐
16	Erweiterung der Internetauftritte in den Bereichen „Arbeitsmöglichkeiten/Karriere bei der Bundeswehr“ in barrierefreier Form	☐	☐	☐	☐	☐	☐
17	Ausrichtung von Organisationsplanungen schon bei der Konzeption der Strukturen auf die Einrichtung von Arbeitsplätzen für behinderte Menschen	☐	☐	☐	☐	☐	☐

		Bekannt		Umgesetzt		Wichtig	
		Ja	Nein	Ja	Nein	Ja	Nein
18	Führung von Einstellungsgesprächen mit Blick darauf, wie potenzielle Kandidatinnen bzw. Kandidaten mit Handicap ihre spezifischen Fähigkeiten sinnstiftend in die Arbeitsstrukturen der Bundeswehr einbringen können	☐	☐	☐	☐	☐	☐
19	Bewusste Berücksichtigung der Potenziale der Bewerberinnen bzw. Bewerber durch die Vorgesetzten	☐	☐	☐	☐	☐	☐
20	Erhöhung der Zahl der Einstellungen behinderter Menschen in allen Altersgruppen	☐	☐	☐	☐	☐	☐
21	Schaffung eines Klimas, in dem Menschen mit Behinderung vertrauensvoll und angstfrei Einschränkungen artikulieren und einen offenen Dialog pflegen können	☐	☐	☐	☐	☐	☐
22	Flexible Arbeitsplatzgestaltung für behinderte Menschen auch mit Blick auf die mit zunehmendem Alter entstehenden Wandlungsprozesse der behinderungsbedingten Einschränkungen	☐	☐	☐	☐	☐	☐
23	Motivation der behinderten Menschen durch berufliche Weiterentwicklungsmöglichkeiten auch in Leitungspositionen hinein	☐	☐	☐	☐	☐	☐
24	Einrichtung von Arbeitszeitkonten sowie Schaffung neuer Teilzeitmodelle und Telearbeitsplätze	☐	☐	☐	☐	☐	☐
25	Verstärkte Anerkennung und Würdigung des höheren Engagements behinderter Menschen bei der Beurteilung der Arbeitsqualität gegenüber Menschen ohne Behinderung durch die Anpassung bzw. Herausgabe von Erlassen und Regelungen	☐	☐	☐	☐	☐	☐
26	Verbesserung der Qualität von Anhörungen und Beteiligungen der Interessenvertretungen bei Belangen, die behinderte Menschen betreffen, im Sinne einer neuen Kultur der Selbstverpflichtung von jeder Führungskraft in einer inklusiven Gesellschaft	☐	☐	☐	☐	☐	☐
27	Entwicklung und Umsetzung eines sozialen Interaktionsrahmens, der behinderten Menschen zukünftig noch leichter die eigene Wahrnehmung ihrer Interessen gestattet	☐	☐	☐	☐	☐	☐
28	Konzeption des Ausstattungssolls von Arbeits-/Büroräumen oder Unterkünften mit Blick auf eine präventive Vorausbeschaffung barrierefreier Einrichtung auch ohne jeweils konkreten Individualbedarf	☐	☐	☐	☐	☐	☐
29	Vereinfachte Nutzung von Zuschüssen und Leistungen für behinderte Menschen von externen Organisationen/Trägern	☐	☐	☐	☐	☐	☐
30	Zielgruppengerechte Modifizierung und Intensivierung von Behindertensportlehrgängen	☐	☐	☐	☐	☐	☐
31	Aufbau neuer Strukturen eines ganzheitlichen Gesundheitsmanagements	☐	☐	☐	☐	☐	☐
	Handlungsfeld – Soldat und Behinderung						
32	Prüfung der Anwendbarkeit des „Betrieblichen Eingliederungsmanagements (BEM)“ auch auf Soldatinnen bzw. Soldaten	☐	☐	☐	☐	☐	☐
33	Einführung eines Lehrgangs „Sporttherapie für Einsatzgeschädigte“ zur Erleichterung des „Lebens mit der Behinderung“	☐	☐	☐	☐	☐	☐
	Handlungsfeld – Bildung und Ausbildung						
34	Signalwirkung von öffentlichen Auftritten des Arbeitgebers Bundeswehr gegenüber behinderten Bewerberinnen bzw. Bewerbern, die eine Ausbildung oder ein Studium ergreifen wollen	☐	☐	☐	☐	☐	☐
35	Erklärung des Interesses der Bundeswehr in Karrieregesprächen an Schulen und Karrierecentern an der Bereitschaft, auch behinderte Menschen ausbilden und bevorzugt einstellen zu wollen	☐	☐	☐	☐	☐	☐
36	Für jedermann verständliche Gestaltung von Werbebroschüren mit besonderem Augenmerk auf behinderte Menschen und Bewerbungsverfahren	☐	☐	☐	☐	☐	☐
37	Transparente und bewusste Darstellung der Barrierefreiheit in den Ausbildungs- und Bildungseinrichtungen	☐	☐	☐	☐	☐	☐
38	Ausbildung auch für gehörlose oder hörgeminderte sowie für sehbehinderte Menschen bei Bedarf durch Schaffung von speziellen Vorkehrungen	☐	☐	☐	☐	☐	☐
39	Erweiterung des Angebotes an Praktikumsplätzen für behinderte Jugendliche oder Schülerinnen bzw. Schüler	☐	☐	☐	☐	☐	☐

		Bekannt		Umgesetzt		Wichtig	
		Ja	Nein	Ja	Nein	Ja	Nein
40	Gezielte Ansprache von behinderten Menschen zur Mitarbeit. Bereitstellung von Ausbildungsplätzen für Jugendliche in den Ausbildungswerkstätten der Bw	☐	☐	☐	☐	☐	☐
41	Durchführung von Schulungen von Dozentinnen bzw. Dozenten, Lehrkräften und Ausbilderinnen bzw. Ausbildern zur Vorbereitung auf die spezifische Situation der Interaktion mit behinderten Menschen. Einbringung der Thematik in die Führungslehrgänge	☐	☐	☐	☐	☐	☐
42	Gezielte Wahrnehmung und Förderung von Einzelkompetenzen behinderter Menschen in den Ausbildungen, Schulungen und Studiengängen	☐	☐	☐	☐	☐	☐
43	Nutzung des Sachverstandes externer Bildungsträger bei Umsetzungsschwierigkeiten	☐	☐	☐	☐	☐	☐
	Handlungsfeld – Barrierefreie Informationstechnik						
44	Technische Umsetzung der abschließenden funktionalen Forderung und Realisierungsgenehmigung (AFReG) für die technische Weiterentwicklung der Onlinemedien Bundeswehr (TWEOBw) vom 23.05.2012	☐	☐	☐	☐	☐	☐
45	Kurzfristige Bereitstellung von barrierefreier IT-Technik. Vorhalten von geeigneten IT-Ausstattungen für behinderte Menschen an Schulen/Einrichtungen für Lehrgänge und Auswahlverfahren sowie vollständige Barrierefreiheit bei der Gestaltung von Intranet-Inhalten	☐	☐	☐	☐	☐	☐
46	Verbreiterung des Informationsangebotes in „leichter Sprache" für ausgewählte Artikel/Informationsangebote	☐	☐	☐	☐	☐	☐
47	Ausbau des Angebotes an Gebärdenvideos für ausgewählte Informationsbereiche	☐	☐	☐	☐	☐	☐
48	Sukzessive Ergänzung von Audiodeskriptionen und Untertiteln bei Videos, sobald die technischen Voraussetzungen für diese Funktionalitäten in der Medienverwaltung gegeben sind	☐	☐	☐	☐	☐	☐
49	Barrierefreie Gestaltung der Onlinemedien der Informationsarbeit nach den Vorgaben der BITV. Unterstützung durch entsprechende Qualitätssicherungsmaßnahmen	☐	☐	☐	☐	☐	☐

10 **Wie zufrieden sind Sie insgesamt mit den Maßnahmen der Bundeswehr zur Umsetzung der UN-Behindertenrechtskonvention in Ihrem Arbeitsbereich?**

sehr zufrieden	eher zufrieden	teils/teils	eher unzufrieden	sehr unzufrieden
☐	☐	☐	☐	☐

11 **Welche weiteren Maßnahmen würden Sie sich in Ergänzung zu den bereits abgefragten Handlungsfeldern noch für Ihren Arbeitsbereich bzw. den Geschäftsbereich des BMVg wünschen? Bitte nennen Sie bis zu drei Maßnahmen, die Ihnen besonders wichtig sind.**

01	
02	
03	

Angaben zur Person

Diese Angaben dienen ausschließlich der statistischen Auswertung z.B. nach Geschlecht, Altersgruppen oder Status. Ihre Anonymität bleibt in jedem Fall gewährleistet. Der von Ihnen ausgefüllte Fragebogen wird nur im Zusammenhang mit der vorliegenden Befragung am ZMSBw verwendet und nach der Auswertung vernichtet.

12 Welches Geschlecht haben Sie?

☐ männlich ☐ weiblich

13 Welcher Altersgruppe gehören Sie an?

01	bis 20 Jahre	☐
02	21 bis 30 Jahre	☐
03	31 bis 40 Jahre	☐
04	41 bis 50 Jahre	☐
05	51 bis 60 Jahre	☐
06	61 Jahre und älter	☐

14 Welchen Familienstand haben Sie?

01	ledig	☐
02	ledig, aber in fester Partnerschaft	☐
03	verheiratet	☐
04	eingetragene Lebenspartnerschaft	☐
05	geschieden	☐
06	verwitwet	☐

15 Welchen höchsten Abschluss einer allgemeinbildenden Schule haben Sie erreicht?

01	keinen Abschluss	☐
02	Hauptschulabschluss	☐
03	Realschulabschluss (Mittlere Reife)	☐
04	Fachhochschulreife	☐
05	Hochschulreife (Abitur)	☐

16 In welchem Organisationsbereich dienen Sie zurzeit?

01	Bundesministerium der Verteidigung	☐
02	Direkt unterstellte Dienststelle des Bundesministeriums der Verteidigung (z.B. EinsFüKdoBw, FüAkBw, LufABw, BAMAD, PlgABw, ZInFü)	☐
03	Heer	☐
04	Luftwaffe	☐
05	Marine	☐
06	Streitkräftebasis	☐
07	Zentraler Sanitätsdienst der Bundeswehr	☐
08	Ausrüstung, Informationstechnik und Nutzung	☐
09	Infrastruktur, Umweltschutz und Dienstleistungen	☐
10	Cyber und Informationsraum	☐
11	Personal	☐
12	Rechtspflege	☐
13	Militärseelsorge	☐

17 Welcher Statusgruppe gehören Sie an?

01	Soldatin bzw. Soldat → ***Bitte weiter mit Frage 18***	☐
02	Beamtin bzw. Beamter oder Richterin bzw. Richter → ***Bitte weiter mit Frage 21***	☐
03	Zivile Arbeitnehmerin bzw. ziviler Arbeitnehmer → ***Bitte weiter mit Frage 21***	☐

18 Welchem Uniformträgerbereich gehören Sie an?

01	Heer	☐
02	Luftwaffe	☐
03	Marine	☐

19 In welchem Dienstverhältnis stehen Sie?

01	Berufssoldatin bzw. Berufssoldat	☐
02	Soldatin bzw. Soldat auf Zeit	☐
03	Freiwillig Wehrdienstleistende bzw. -leistender	☐

20 **Welcher Dienstgradgruppe gehören Sie an?**

- 01 Stabsoffiziere/Generale/Admirale → ***Bitte weiter mit Frage 22*** ☐
- 02 Offiziere → ***Bitte weiter mit Frage 22*** ☐
- 03 Unteroffiziere m.P. → ***Bitte weiter mit Frage 22*** ☐
- 04 Unteroffiziere o.P. → ***Bitte weiter mit Frage 22*** ☐
- 05 Mannschaften → ***Bitte weiter mit Frage 22*** ☐

21 **Was trifft auf Sie zu?**

Beamtin bzw. Beamter oder Richterin bzw. Richter im...

- 01 einfachen Dienst ☐
- 02 mittleren Dienst ☐
- 03 gehobenen Dienst ☐
- 04 höheren Dienst ☐

Arbeitnehmerin bzw. Arbeitnehmer mit...

- 05 Entgeltgruppe 1–4 ☐
- 06 Entgeltgruppe 5–8 ☐
- 07 Entgeltgruppe 9–12 ☐
- 08 Entgeltgruppe 13–15 ☐

- 09 Auszubildende bzw. Auszubildender ☐

22 **Wie ist Ihr Dienst organisiert?** (Mehrfachnennungen möglich)

- 01 Regeldienst/Vollzeit ☐
- 02 Teilzeit ☐
- 03 Schichtdienst ☐
- 04 Gleitzeit ☐
- 05 Telearbeit/ortsunabhängiges Arbeiten ☐

23 **Sind Sie in einer Vorgesetztenfunktion tätig?** (Anmerkung: Als Vorgesetzte bzw. Vorgesetzter gilt, wer befugt ist, einer Soldatin bzw. einem Soldaten Befehle bzw. einer zivilen Mitarbeiterin bzw. einem zivilen Mitarbeiter Anweisungen zu erteilen.)

- 01 ja, mit Recht zur Beurteilung ☐
- 02 ja, ohne Recht zur Beurteilung ☐
- 03 nein ☐

24 **Haben Sie in den letzten 5 Jahren an Fort- oder Weiterbildungen teilgenommen?**

- 01 Ja, ich habe an mehreren teilgenommen. ☐
- 02 Ja, ich habe an einer teilgenommen. ☐
- 03 Nein, aber ich habe mich um Fort- oder Weiterbildungen bemüht. ☐
- 04 Nein, ich habe nicht teilgenommen. ☐

25 **Haben Sie in den letzten 5 Jahren an behindertenspezifischen Fort- oder Weiterbildungen teilgenommen?**

- 01 Ja, ich habe an mehreren teilgenommen. ☐
- 02 Ja, ich habe an einer teilgenommen. ☐
- 03 Nein, aber ich habe mich um behindertenspezifische Fort- oder Weiterbildungen bemüht. ☐
- 04 Nein, ich habe nicht teilgenommen. ☐

26 **Gibt es noch etwas, das wir nicht angesprochen haben, was Ihnen an dieser Stelle im Zusammenhang dieser Thematik aber wichtig ist?**

Vielen Dank für Ihre Mitarbeit!

Zum Zentrum für Militärgeschichte und Sozialwissenschaften der Bundeswehr:

Das Zentrum für Militärgeschichte und Sozialwissenschaften der Bundeswehr (ZMSBw) mit Sitz in Potsdam betreibt militärsoziologische, militärhistorische und sicherheitspolitische Forschung.

Zur Studie:

Seit dem 26. März 2009 gilt in Deutschland die UN-Behindertenrechtskonvention (UN-BRK). Mit diesem Vertrag verpflichten sich die Unterzeichnerstaaten, die international entwickelten Normen zur Inklusion schwerbehinderter und diesen gleichgestellten behinderten Menschen in nationales Recht umzusetzen.

Im Oktober 2014 wurde der im Zusammenwirken mit der Hauptschwerbehindertenvertretung des Ministeriums entwickelte Aktionsplan zur Umsetzung der UN-BRK im Geschäftsbereich des Bundesministeriums der Verteidigung (BMVg) in Kraft gesetzt. Der Fokus des handlungsorientierten Aktionsplans des BMVg liegt auf einer Reihe von Maßnahmen zur Förderung der Barrierefreiheit und der beruflichen Teilhabe von Menschen mit Behinderung am Arbeitsleben in der Bundeswehr.

Die Ergebnisse der Evaluation des Aktionsplans zur Umsetzung der UN-BRK im Geschäftsbereich des BMVg sowie des aktuellen Inklusionsklimas in der Bundeswehr werden in diesem Forschungsbericht präsentiert.

Autorinnen und Autoren:

Dr. Meike Wanner, Prof. Dr. Angelika Dörfler-Dierken, Dr. Markus Thurau, Forschungsbereich Sicherheitspolitik und Streitkräfte, Zentrum für Militärgeschichte und Sozialwissenschaften der Bundeswehr, Potsdam.